不畏不缩直面女儿的性教育

[韩] 孙京伊 / 著

许英美 / 译

人民东方出版传媒

东方出版社

图字：01-2019-5279

움츠러들지 않고 용기있게 딸 성교육 하는 법

Copyright © 2018, Son, Kyung-yi

All Rights Reserved.

This Simplified Chinese edition was published by People's Oriental Publishing & Media Co., Ltd./
The Oriental Press in 2019 by arrangement with DASAN BOOKS CO., LTD.through Imprima
Korea & Qiantaiyang Cultural Development (Beijing) Co.,Ltd.

图书在版编目（ＣＩＰ）数据

不畏不缩直面女儿的性教育 /（韩）孙京伊著；许英美译. —北京: 东方出版社，2019.10
ISBN 978-7-5207-1185-2

Ⅰ.①不… Ⅱ.①孙… ②许… Ⅲ.①女性－性教育－家庭教育 Ⅳ.①G479 ②G78

中国版本图书馆CIP数据核字（2019）第202613号

不畏不缩直面女儿的性教育
（BUWEIBUSUO ZHIMIAN NüER DE XINGJIAOYU）
作者：［韩］孙京伊
译者：许英美

策划编辑：鲁艳芳
责任编辑：刘宇圣
出　　版：東方出版社
发　　行：人民东方出版传媒有限公司
地　　址：北京市朝阳区西坝河北里51号
邮政编码：100028
印　　刷：北京联兴盛业印刷股份有限公司
版　　次：2019年10月第1版
印　　次：2019年10月北京第1次印刷　2020年5月北京第4次印刷
开　　本：880毫米×1230毫米　1/32
印　　张：7.5
字　　数：148千字
书　　号：ISBN 978-7-5207-1185-2
定　　价：39.80元
发行电话：（010）85924663　85924644　85924641

目录

1　因为是女儿，所以才更需要接受性教育
女儿性教育的 12 项核心原则

2　性教育始于父母

青春期之前的 15 种性教育

3　性教育会拉近父母和孩子之间的距离

青春期的 14 种性教育

4 正因为是女儿，所以更需要接受性暴力教育

女儿、父母需要知道的 18 件有关性暴力的事项

5 青春期的女孩会对性抱有何种疑惑
青春期女孩们的 20 个提问

女儿的性教育应该愉快、大胆

在春天出版了有关儿子性教育的书籍之后，我受到了很多人的关注和拥戴。不仅在各个电视台、报社、杂志社露脸，我还以关系教育研究所代表的身份，更加活跃地展开了演讲活动。作为官方的外聘咨询委员，我还做了很多帮助性暴力被害者的事情。但最让我有成就感的，还是每当我听到读者们说"您写的书对我帮助很大"时。

后来，很多人问我："我有一个女儿，可是我该怎么做女儿的性教育呢？"另外，还有一些人问我："您都出版了儿子的性教育书，怎么不出版女儿的性教育书呢？"

很多人以为我只有儿子，所以才不出女儿的性教育书，但这是误解。当然，儿子的性教育书是出自我的个人经验。我开始学习性教育知识的初衷也是为了将儿子培养成不同于大男子主义的父亲和丈夫的"好男人"，后来不知不觉成为性教育讲师兼性别敏感性讲师，接着又与儿子拍摄了性教育视频，出版了自己的第一本书。

但是这并不意味着，我对女儿的性教育就没有发言权。相反，作为性教育讲师，我经常接触拥有女儿的家庭，所以有太多想说的话积攒在心中。

不过，我也有一些顾虑。这一点，我曾在儿子的性教育书中提及，而且也会在这本书的正文中再次提及，即无论是女儿还是儿子，他们性教育的基本原则都是相同的。只不过儿子性教育的关键是"尊重"，而女儿性教育的关键则是"主体性"。毕竟我们的社会对待儿子和女儿的原则不同，所以性教育内容自然存在不同的部分。

同样，儿子性教育书中的一些内容不可避免地会与女儿性教育书中的内容重叠。我所担心的是，读者们会认为我是将上一本书中的内容照搬到了这本书中。

虽然有这样的担心，但是我依然准备了这本书，因为我始终忘不掉那些在我作为性教育讲师活动期间遇到的女儿们的脸庞。她们当中，有一些艰难地向我吐露了自己曾经经历过的痛苦，有一些则严厉地指责了我的不足。我虽然为她们提供了帮助，但我也从她们那里学到了很多东西。若是没有她们，我作为性教育讲师，必然无法达到现在这种成就。我只能说她们无愧为"我们的女儿"。

我认为，哪怕是为自己的女儿着想，父母们都应该掌握符合现今时代形势的性教育方法；同时为了女儿的未来着想，我建议他们开始关注性别教育。只有这样，他们才能培养出真正精明勇敢的女儿。另外，在教育女儿的过程中，父母们也会发现自己在态度和意识方面的转变。

在写这本书的过程中，很多人为我提供了帮助。首先，我要向我的儿子孙尚敏说一句"谢谢"。谢谢他在我因为忙碌的日常和工作，对写书的事情感到力不从心的时候，一如既往地鼓励我、支持我。另外，我还要向 .face 的赵小潭代表表示感谢。若是没有 .face 录制的视频，很可能就不会有现在这本书。最后，我要向那些喜爱我的书、电视节目及 Youtube 视频的读者、电视观众和网友们弯腰致谢。感谢你们的一路陪伴，给了我很大的动力。

此外，我还要向那些我在性教育现场遇到的孩子们说声"谢谢"，是你们让我得到了成长。若是问我谁是这本书的主人公，我一定会说是那些信任我并将自己的心事坦然向我吐露的孩子们。

我真诚地希望这本书能够陪伴那些拥有女儿的父母们。

2018 年秋天
孙京伊

推荐词

一本为当今时代的女儿们准备的书

"若是妈妈和儿子开诚布公地讨论性话题会怎么样呢？可以讨论妈妈的自慰，也可以讨论儿子的自慰……"

创意很不错，但关键是存不存在能够消化这一创意的"来自未来的妈妈"角色。正是在那个时候，我遇到了她——来自 51 世纪的"自慰妈妈"孙京伊老师。若是没有孙京伊老师，这一创意或许就不会出现在人们的眼前。.face 的"妈妈和我"系列是孙京伊老师和她的儿子孙尚敏作者一起敞开讨论性话题的脱口秀节目，其反响远超原本的期待。几乎每一场拍摄（即使不需要我去现场），我都作为"妈妈和我"脱口秀中发出笑声的现场观众，坐在摄像机的后面。我非常爱听孙京伊老师讲的故事，而且有太多太多的事情想要问她。

这是我生平头一次开怀大笑地接受性教育知识。它一点儿都没让我感到尴尬，全程都让我保持着愉快的心情。我很懊恼，为何之前我从未遇到过这种愉快并真正懂我的性教育。

在性教育方面，我最先学习的就是"羞耻心"。在学校学到的性会让我觉得它是一种"始终特别并危险"的事物，即它是一种需要遮遮掩掩的东西。"那里"，由于不知道我的生殖器长的什么模样，也不知道该如何称呼它，我只能这么称呼它。我们学到的内容使得我们一直对"那种事""特别的事情"抱有羞耻心。对于我们来说，"色"本身就是一种坏东西，以至于胸部开始隆起后都有些害怕去游泳池。因为在我们学到的内容中，胸部本身就是一种很"色"的东西，而别人看到我隆起的胸部会让我感到很难为情。我至今都记得小学六年级上游泳课时，一群女孩排成一排，蹲在游泳池边上的情景。我们当时对自己的身体很害羞，所以一个个都蜷缩着肩膀。直到现在，我还经常想：若是当初能够坚持学习游泳该有多好？若是当初有人告诉我们，那不是"色"，只是我们的身体，所以没必要感到害羞该有多好？

一直以来的女性人生告诉我，性在很多时候代表"不方便和危险"。暴力、来自外部的视线、不悦的感觉等始终伴随着女性的性。而女人们会从来自外部的目光中先一步接受自己的身体有可能会成为"色"的东西的信号。由于女儿们拥有主体性，进而健康地拥有自己的性，所以往往会处在比儿子更加艰难的环境当中。我们一直在"要小心"的告诫中长大。哪怕是整齐的校服打扮，也会有人找出这样或那样的借口向我们发难。例如露出踝骨很"色"呀、衣服透出胸罩的肩带就不贤淑呀，等等。我们之所以在说出性话题的时候会畏缩，或者是因为我们无法准确地知道自己的需求并表达出来，也是因为我们的社会教育存在问题。只是这一点，我知道得太晚了。事实上，如今也有很多性教育仍然在使用带有偏见的言辞。

一想到女儿们能够通过这本书了解性的概念，我就感到无比羡慕。对于正处于构建自我世界的女儿们来说，这本书将成为解决她们烦恼的向导，告知她们该如何与别人建立健康、平等的关系及如何培养出"自信的我"。不仅是为了女儿，哪怕是为了那些生活在偏见世界里的妈妈们，我都希望大家能够生活在更好的世界、拥有更好的世界观，"不畏缩"地活下去，我们要向你们推荐这本书。

我真诚地希望我们的女儿们能够脱离曾经无数的女儿们接受性教育时听过的话——"不要做，不行"，生活在更好的世界中。对于那种老一套的不平等言论，我们要将它留在过去。从今往后，我们要走向更好的世界。

.face 代表赵小潭

1

因为是女儿，
所以才更需要
接受性教育

女儿性教育的 12 项核心原则

只有父母认识到不能再沿用以前的性教育方法，才能将女儿培养成有主体性、有勇气的女性。如今，将女儿养成"淑女"的时代已经过去了。随着时代的变迁，人们定义"好女人"的基准也发生了转变。以后，我们要将女儿培养成"好人"，而不仅限于"好女人"。

♀

不畏不缩
直面女儿的
性教育

原则 1
女儿的性教育，要有所不同

在作为性教育讲师参加活动期间，我遇到了许许多多的父母。虽然他们之间存在一定的差异，但总的来说，拥有女儿的父母并不是很担心女儿的性教育。妈妈们认为："我是女人，所以可以教她。"爸爸们则认为："老婆应该会教育。"拥有女儿的父母们最担心的往往是"我的女儿遭遇了性暴力该怎么办""如果有人猥亵我女儿该怎么办"等问题。

对于这样的父母，我想告诉他们："在担心性暴力的问题之前，请您先思考一下有关性教育本身的问题。"

在我的上一本书《不惊不慌笑对儿子的性教育》中，我将第一个原则的题目定为"儿子的性教育，没什么不同"。这其实是为了鼓励那些苦恼儿子性教育问题的父母们。然而在本书中，我却将第一个原则的题目定为"女儿的性教育，要有所不同"，这则是为了引起对女儿的性教育抱有安逸态度的父母们的警觉。

其实，从根本上来说，儿子的性教育和女儿的性教育并没有太大的不同。因为无论是男性还是女性，看待性的态度和需要掌握的性知识并不存在差异。因此，从原则上来讲，儿子的性教育和女儿的性教育并不存在需要区分的理由。

然而在现实当中，我们的社会会对女儿和儿子展开不同类型的性教育。女儿们接受的性教育会让她们消极地看待性，并会对性抱有畏怯的态度；而儿子们接受的性教育会让他们对性产生不负责任的态度，同时面对性时，还会让他们优先考虑自己的性欲。另外，由于只是将性看成性关系，所以所谓的性教育会要求女儿躲避性关系，而对儿子则会要求"不闯祸"。总的来说，目前的性教育处于躲避性或说性是危险的这个阶段。

于是我们的女儿在成长过程中，往往对性抱有畏怯和负罪的心理。另外，她们不仅对男性的性一无所知，就是对自己的身体状况也知之甚少。

大家可以尝试从下面有关描述勃起的内容中挑选出正确的内容和错误的内容。我想很多妈妈们都答不出来。至于爸爸们，说不定也有一些答不出的。

①勃起只有在产生性冲动的时候才会出现。

②勃起时不射精会伤身。

③有可能会因心理上的原因而无法勃起。

④女性的生殖器也会勃起。

我告诉你们答案吧：①和②是错误的，③和④是正确的。①勃起并不是只有在产生性冲动的时候才会出现。比如早上起床时会勃起，待在满员的公交车等氧气不足的场所时也会勃起。②勃起时，如果不理会，过一段时间就会消下去。勃起并不意味着一定要射精，更何况即使憋着不射精也不会伤身。③在发生性关系时，心情过于紧张或这段时间的压力较大，都有可能导致无法勃起。④性冲动时，女性的生殖器也会勃起。只不过由于结构的原因，女性生殖器的勃起现象不如男性生殖器明显。

正因为不懂得这些事实，所以女性对于男性的勃起存在很多误会。例如，有些女性看到之后会受到惊吓："这个男人是变态！"而有些女性则会产生误解："难道他对我不'感兴趣'吗？"

最糟糕的是这种误解和无知酿成性暴力的情况。我给大家讲一个事例：一名女子跟她的男朋友去登山。他们在一个人迹罕至的地方，自然而然地发生了一些亲密举动。这时，男子对女子说："我现在勃起了，男人在勃起时如果不射精会很伤身。"女子感到很惊慌，于是拒绝了男子的要求。后来，这名女子因心理压力找我咨询，担心男友对自己失望，最终要跟自己分手。

男女朋友之间，要求发生性关系是很常见的事。但如果利用对方对性的无知来向对方施加压力，从而要求发生性关系，则是一种性暴力。倘若女方对勃起现象很了解，她完全可以从男友的举动中看出他的人品，然后直接和他分手。

因为男生女生性别的不同，当今社会的性教育都有些偏离正确的方向，从这个角度上来说，无论是儿子的性教育还是女儿的性教育都要发生转变。考虑到一直以来儿子的性教育和女儿的性教育开展方式不同的问题，二者的性教育要向不同的方向发生转变。

只有父母认识到不能再沿用以前的性教育方法，才能将女儿培养成有主体性、有勇气的女性。如今，将女儿养成"淑女"的时代已经过去了。随着时代的变迁，人们定义"好女人"的基准也发生了转变。以后，我们要将女儿培养成"好人"，而不仅限于"好女人"。

随着支持女性呼声的日渐高涨，很多父母都不愿意将女儿养成"传统女性"，网络上也出现了"阿尔法"女孩的称呼。"阿尔法"女孩是指在学习、运动、领导力等方面全面碾压同龄男性，同时拥有极高的上进心和自信心的女性。很多拥有女儿的父母都希望将自己的女儿培养成"阿尔法"女孩。

我在作为性教育讲师活动期间，发现很多父母只热衷于提高女儿的学习成绩和能力，对她们的性教育却非常疏忽。不仅是见到这些父母的时候，我有这种感觉；在学校见到各种年龄段的女孩们的时候，这种感觉更明显。因此，在聆听她们的心声时，我的心中难免会生出惋惜的情绪。不过，更让我感到惋惜的是，她们的父母往往都很轻视女儿的性教育。

有一点大家一定要铭记于心：要改变女儿的性教育情况，我们必须一起努力才能够实现。

原则 2
父母需要先接受性教育

性教育并不只是孩子的问题。事实上，父母需要先接受性教育的情况更多。我举个例子说明一下，以我熟悉的妇产科为例。

在韩国，人们一直在争论要将妇产科的名字改为女性医学科的问题。这是为了改变人们将妇产科视为结婚女性或产妇才能去的场所的固有观念。妇产科的医生经常对人们说，为了健康考虑，只要是开始生理期的女性，无论是成年人还是未成年人，无论已婚还是未婚，都要定期到妇产科接受诊疗。

你们是否认为这是妇产科想出来的商业手段？拥有这种想法的人意味着他对女性的性一无所知。事实上，与生殖器或子宫有关的疾病跟结婚与否、有无性经历等并无直接关系。可是人们至今依然喜欢将妇产科与生孩子联系到一起，以至于很多女性都忌讳到妇产科就诊，最终导致病情越来越严重。

在怀孕或生孩子之前，现在的绝大多数妈妈们或许从未到妇产科接受过检查。因为她们担心别人看到自己去妇产科就诊会说自己的闲话："她都没结婚怎么来妇产科了？不会是怀孕了吧？"

　　正是因为父母本身就对妇产科抱有错误的认知，所以才会导致孩子们白白受苦。其中，最具代表性的例子就是生理痛。不少女性经常会经历生理痛，大部分的处理方式通常是忍一忍或吃点儿止疼药。不过，疼痛严重时，影响日常生活的情况也不少见。事实上，导致这些疼痛最有可能的是隐藏在子宫内部的疾病。

　　但即便如此，父母也很忌讳带女儿去妇产科。甚至，有一些父母根本不知道生理痛严重时要到妇产科就诊的事实。因此，在看到女儿因生理痛受罪时，他们往往会建议女儿更换其他止疼药，再不然就是带她们去看中医。要是这些办法能够解决问题那还好说，关键是如果孩子得的病必须要到妇产科就诊才能确认，那就成了问题。

　　父母们缺乏一些性知识也不是不能理解，毕竟在他们的年代很难接受像样的性教育。哪怕接受过性教育，多半也是片面地告诉他们怀孕的原理或教导他们要守贞洁而已。妈妈们接受的性教育甚至更加简单，就连我自己也不例外。我在成为性教育讲师之前，也跟她们一样，属于一个没有接受过正确性教育的人员。在那个时期，我也只是一个看着讲述堕胎和怀孕内容影片长大的妈妈，所以一直都对性教育有着歪曲的认知。每每想到当时的我，我就感到无比伤心和生气，也犯了很多错误。

正因为如此，父母们要承认自己的不足之处，下定决心接受新的性教育。父母拥有错误的性知识，受苦的只能是孩子，而我们必须要斩断这种恶性循环。

原则 3
性教育的起点是家庭和家人

性教育并不仅仅是传授性知识。总的来说，性教育是以"关系"教育作为前提条件的。由于其中的关键是处理人际关系的能力和引发共鸣的能力，所以并不是国家或社会层面上一下子就能解决的事情，而正如之前所说的那样，它是通过在家庭日常生活中与家人们的对话，即通过一种持续、一贯的训练形成的。而能做到这一点的只有父母或负责养育孩子的人，因此性教育的起点必然是家庭和家人。

如此一来，父母掌握多少性知识就显得尤为重要。当然，父母所掌握的内容也没必要像专家那样透彻。当孩子询问父母一些问题时，父母极有可能回答不出来。遇到这样的情况，父母只需承认自己的不足，再与孩子一起查找答案即可。重要的是，父母要在日常生活中对他们灌输性自主决定权和性别敏感性的概念，并让他们付诸实践。性自主决定权是指自行判断自己性行为的权利，而性别敏感性则指对别人的性的了解和体谅。总之，我们需要将焦点对准在性观念和性平等上。对此，我们稍后会进行更加详细的讨论。

性教育需要分孩子 2—4 岁、小学五六年级、初中二年级、高中一年级等多个阶段集中进行。因为我们需要着眼于孩子产生好奇心理的时期、出现第二性征的时期，以及产生恋爱冲动的时期。当然，这只是从狭义上理解性教育时的区分。若是再扩大一下范围，那么认为完整意义上的性教育应该从孩子诞生的那一刻开始，也不为过。

父母们往往都很重视孩子的胎教。他们会给胎儿念书、讲述这样或那样的故事、放音乐听，但他们也知道肚子里的孩子不见得能听得懂这些，只是他们认为早早地与孩子进行交流可以给孩子带来积极的影响。

性教育也是同样的道理。我们不应该有"等孩子到了一定年纪再开始进行性教育"的念头，而是要从孩子尚未能听懂话的时候就开始展开性教育。

例如看到宝宝尿了，就说"我的女儿尿尿了吗"；在给女儿更换尿不湿的时候，对她说"湿湿的，很难受吧。妈妈马上给你换上干爽的尿不湿哦"；又或者，在亲女儿之前，先征得女儿的同意说："我的好女儿从来不挑食，妈妈真的是爱死你了，妈妈可以亲你一下吗？"这些均属于性教育的范畴。可以说父母对待女儿身体的方式或态度，都可以看作一种性教育。

实际上，我就是这么做的。不论孩子听不听得懂，我们都需要这么做。起初孩子肯定听不懂我们在说什么，但只要父母不停地重复这一过程，那么长此以往，孩子的心中就会萌生对自己身体的意识和自己的身体属于自己的念头。记住：性教育要从出生的那一刻展开，并在日常生活中持续进行。

不过，很多父母都担心孩子接触性相关问题的时间太早反而会刺激到他们对性的好奇心理。

我听说过这么一个事例：某个孩子经常向爸爸妈妈询问男女身体的差异。很明显，这是孩子开始对性产生好奇的信号。于是，爸爸妈妈就到书店给他买了一本性教育图册。然而，孩子在拿到这本书后，就对其他书彻底失去了兴趣，整天只盯着那本性教育书看，尤其喜欢看书中画有生殖器的图片。爸爸妈妈担心孩子太早对性产生好奇，就把图册没收了。父母们所担忧的性教育的反效果，无非是孩子对性产生过度的兴趣，以至于整天只想着跟性有关的事情。

性教育出现反效果的情况大致可以分为两种：

一种是父母不考虑孩子所处的成长阶段，只根据自己的判断给孩子灌输过多的知识。"既然孩子都这么大了，那给他讲解一下这种程度的内容应该没问题吧？"这种行为是最不可取的。我们不可以根据自己的猜测做出决定，而要根据与孩子的对话内容做出判断，再进行不同阶段的性教育。最好的方法是当孩子向父母询问与性相关的问题时，父母对此提出反问。

我称这种对话方式为"乒乓球对话"。就像打乒乓球时，球会在两名选手之间不断重复来回的过程，而乒乓球对话指的就是父母和孩子之间不断提问和回答的过程。这句话听起来可能有点儿复杂。简单来说，就是父母不一味地询问，孩子也不一味地回答，而是彼此你来我往，相互进行提问和回答。

另一种是在性教育的过程中，不强调"自己身体的主人只有自己"的性自主决定权教育，只单纯地给孩子灌输性知识。刀既可以成为有用的工具，也可以成为伤人的武器，因此我们在给孩子传授用刀的方法时，还要教导他们不可以伤人的道理。在传授性知识时，我们同样需要给孩子灌输正确的使用方法，也就是性主体性教育。对于性主体性，我会在"原则5"中详细解释。

这样的方法在孩子处于青春期时同样适用。要不要教孩子避孕的方法？会不会适得其反刺激到孩子的好奇心理，让孩子对性行为产生渴望和冲动呢？很多父母都担心这个问题。然而事实证明，教导避孕方法是非常有必要的。

在对孩子进行性教育时，只告诉他们精子和卵子相遇就会诞生宝宝，无疑是一种不负责任的行为。女性和男性发生性关系后，并不一定就会怀孕，因避孕而无法怀孕的情况则更多。因此，父母同样需要传授孩子避孕的相关知识，即必须告诉孩子，假如男性和女性没有怀孕的计划，则可以通过很多方法阻止精子和卵子相遇的事实。

作为性教育讲师，我遇到过各个年龄段的孩子。事实情况是，接受过正确性教育的孩子们往往不会对性拥有太大的好奇心；反观对性一知半解的孩子们，他们则更容易走极端，将自己的想象力发挥到奇怪的地方。

原则 4
最先开始聊日常

想要做好一件事情，我们需要有一个可以参照的榜样。而现在令很多父母感到苦恼的问题就是，自己从未接受过正确的性教育，又何谈能教育好自己的孩子。

事实上，我们没必要感到别扭和难为情，性教育其实非常简单。我们只需跟他们聊一聊"日常"即可，没必要非得谈论与性相关的话题。

人和人之间的关系也是如此，在真正亲近之前，需要跨过几个阶段。我认为它应该有五个阶段，我举一个学生家长的例子给大家说明一下。

第一阶段是聊"公事"。通常初次见面时，大家都会相互打招呼，然后介绍自己，如"我是××的妈妈"等。之后，因孩子的事情经常在学校碰面，就会渐渐熟悉，然后一起吃个饭什么的。第二个阶段是聊"私事"。例如会聊"要不让我们两家孩子上同一个辅导班吧""听说有一个父母教育讲座，你要不要跟我一起去听"等内容。第三个阶段是达成"共识"。相互共享的事情多了，就会经常见面。如一起发展兴趣、一起去看电影、一起喝酒等。长此以往，就会在内心中认可对方的为人。第四个阶段是关系的延续和亲密阶段，这可谓是最重要的阶段。到了这个阶段，可以无话不谈。例如她们会讨论教育孩子过程中遇到的问题，甚至是夫妻感情问题、婆媳问题也能全盘托出。第五个阶段是关系的形成期。在这个阶段，她们会主动跟对方共享日常生活中自己所关注的事情，而且彼此之间的关系很融洽，甚至可以毫无顾忌地讨论性话题。

　　大人和孩子的关系也是如此。倘若我们毫无征兆地突然对孩子们讲一些与性有关的事情，你觉得她们会高兴地认为这是父母关心自己的表现吗？不，她们反而会觉得尴尬，从而对你做出"妈妈，你干吗跟我说这些""爸爸，你说什么呢"的反应。正因为如此，我们应该用聊日常的方式展开性教育。这个话题可以是孩子身体上的变化，可以是孩子与朋友们玩耍的内容，也可以是孩子在学校里的听闻。不过，最好将孩子们感到有压力的成绩问题排除在外。

　　很多人好奇我如何能轻松地跟孩子进行沟通、做性咨询是不是有什么秘诀。但事实上，我也并没有什么奇特的手段。我之所以能够做到这一点，其实是因为对孩子们足够坦诚，而且只说真话。假如父母能率先向孩子讲述自己曾遇到过的困难和烦恼，他们必然能从原本的垂直关系渐渐发展成水平关系。如此一来，以后父母和孩子聊性相关的话题也会变得很自然。因此，我觉得父母和孩子有必要找个时间，相互吐露自己内心的想法，然后一起聊一聊、想一想，尝试设身处地地去了解对方。

在与孩子的对话中，最重要的就是尊重。大家觉得小时候父母说过的话中，最令自己感到气愤的话是什么呢？我最讨厌的一句话就是："你一个小屁孩懂什么？反正听爸爸的就没错！"当时，我很难理解，为什么明明爸爸也有可能犯错，但就是不愿意听我的解释，只坚持自己的意见呢？于是到后来，我开始无视父母的话。你问为什么，是因为他们先无视我的话。所以当我成为孩子的妈妈时，我就下决心绝不会无视自己孩子的话。

当我的孩子还很小的时候，我就对他说："很多东西，妈妈也有可能不知道。妈妈并不是全知全能的存在，所以你也不要认为妈妈的话就是对的。如果你不认可妈妈说的话或觉得妈妈说的话不对，那你就告诉妈妈。说不定以后你知道的比妈妈还多。到时候，你可要好好教妈妈呀！现在妈妈知道的比你多，所以妈妈也要教你。我们要相互学习。每个人都是在不断向别人学习的过程中进步的。"

如今，我的儿子已经二十三岁了。二十多年来，我一直不停地对他重复着这句话。大家认为我的儿子有没有可能会无视我呢？是的，他没有无视我。我觉得这才是父母和孩子之间的正确沟通方式。

事实上，这就是性教育的起点——用日常聊天的方式打开孩子的心扉。若不能做到这一点，我们就等于没能打开步入性教育的大门。

反之，能够大大方方地谈论性相关话题的父母和子女，即使面对其他话题，也能聊得很轻松。这等于是父母和子女通过交流性相关话题的过程，获得任何事情都能共享的亲密感。

不过，这里面最重要的还是时机。孩子们在成长过程中会通过媒体、同龄人、学校等途径接触很多危险、歪曲的性知识。当孩子有了主见，向父母关闭心扉时，再跟孩子讨论性知识反而会让他们越发疏远你。因此，性知识的灌输要从小时候开始展开。只要父母在适当的时期提供正确的信息，就能防止孩子受到歪曲性知识的不利影响，即可以为他们制造"过滤装置"，使他们能够明白：什么是正确的性，什么是错误的性；什么样的性知识对自己有帮助，而什么样的性知识对自己有害。

有些父母告诉我，其他事情自己能与儿子进行沟通，但唯独有关性的问题，他不知道该怎么向孩子开口。这样的家庭往往有一个特点，那就是父母觉得自己跟孩子沟通没问题，但孩子却认为自己很难跟父母进行沟通。

虽然我作为性教育讲师工作了很长一段时间，但真正走进人们的视线中，也不过是最近的事情，而导致这一结果的事因是我与儿子一起拍摄的性聊天视频。大家都说我和儿子毫无顾忌地谈论性话题的场景给了他们很大的冲击。然而这样的场景在我们家只是日常生活中常见的一幕，因此我从未预料会有那么多人对这个视频感兴趣。自从发布视频后，我经常会从十几岁、二十几岁的女性那里听到"即使是身为女儿的我，也很难跟妈妈讲这些事情。真羡慕你们""为了成为能够与子女沟通的妈妈，我要从现在开始学习""真的能跟自己的子女聊这样的话题吗？太神奇了"等言论。

拥有女儿的父母往往很容易在与女儿的沟通中掉以轻心。造成这种情况的原因有可能是出于"儿子很刻板，但女儿很贴心"的意识，也有可能是因为女儿在家中话比较多。大家都在说："在家中，我女儿跟我无话不谈。"但事实上，孩子很有可能将最重要的烦恼、心事及日常生活中遇到的重大事件对父母隐瞒不报，然后只捡不会让父母担心的事情说。只要孩子有这个打算，完全可以将事情隐瞒或对父母说谎话。倘若父母平时不愿意跟孩子聊与性相关的话题，孩子同样不会将这种事情说给父母听。

如果孩子真的能向父母打开心扉，愿意与父母进行交流，那她就会很自然地提及与性相关的话题。因此，若是孩子从来都不对父母提及这些，那父母就得好好检讨一下自己了。

原则 5
女儿性教育的核心并非性知识，而是"主体性"

我们不可以将性教育看作单纯地传授性知识的过程。性教育不仅仅是给孩子传授生殖器相关的知识和功能，而且有着更加深远的意义。性教育的目的在于帮助孩子培养健康的性习惯、维持健康的人际关系。

你听说过"性自主决定权"这句话吗？它可以解释为我的性相关行为的决定权在于我自己，即对于是否要与这个人做爱、答应还是拒绝对方的亲吻等行为，只有自己的判断才是准则。

初次接触"性自主决定权"这个词时，人们普遍会觉得它是理所当然的事情。然而当我们仔细分析就会发现，平时能够行使自己的性自主决定权和能够尊重他人的性自主决定权的情况其实并不多见。

我举例说明一下。我曾看过这样一则广告，虽然里面没有女儿，只有儿子，但相信即使是拥有女儿的父母也能从里面得到一些启示。

妈妈：（看着正在吃饭的儿子问）我家宝贝儿子是属于谁的呢？

儿子：嗯……我是属于小英的。

你们觉得这个场景里的"小英"指的是谁？

如果回答是"儿子的女朋友"，那就说明你的思想深受当前文化的影响。小英应该是儿子本人才是正确的，即这孩子在说"我是我自己的"。我的身体既不是妈妈的，也不是女朋友的，而是理应属于我自己。

大家或许觉得小英听着很像女孩的名字，因此才回答说是儿子的女朋友，但事实上，这也属于一种偏见。

假如将这段视频播放给幼儿园的小朋友们看，再询问画面中儿子说的小英是谁，大部分孩子或许都会指着儿子说"是他"。因为他们还没有受到现有文化的影响。可是若不能受到正确的性教育，不久之后这些孩子们说不定就会和大人们一样回答说："他的女朋友。"

事实上，这则广告片段中的"小英"确实是儿子的女朋友。因为广告的前半部分里出现过儿子的名字。不过，这也说明设计这则广告的人们缺乏对性自主决定权的认知。说实话，当初看到这则广告的时候，我很惋惜人们将它看作妈妈和儿子之间常有的互动。我可以明确地告诉大家，在性教育过程中，多媒体教育也是重要的教育内容之一。

这种广告的出现也从侧面说明我们的社会尚未具备对性自主决定权的认知。正因如此，我们的社会才会出现如此之多的性暴力被害者，而且其中绝大部分都是女性和儿童。我们必须将性自主决定权视为性教育的核心内容。

不过，如果让我来说，我则更愿意将"自主决定权"视作性教育的核心内容。因为自主决定权不仅适用于性相关行为，还适用于平时的任何行为。如果一个人的其他行为都做不到依靠自己的判断，难道性相关行为就可以自主决定？这显然不可能。性自主决定权只能算是日常生活中积累的自主决定权的延续。

不过，在写这本书的过程中，我决定将性自主决定权改称为"性主体性"。因为我希望我们的女儿们作为拥有性主体性的人类，能够拥有更加积极的人生。

不只是性的问题，一直以来人类社会都将男性视为主体性的存在，而女性只被当作与男性相对的客体存在，即男性视角成为基准，而女性只能通过男性的视角获得评价。可以说，女性一直以来接受的就是客体性的教育。因此，我们非常缺乏体现自己主体性的训练。

而且，性属于保守性的领域，所以难度更大。例如女性会接受男性发出性要求时明白地表示"NO"的训练，但想要表示"YES"的时候，她们并不知道自己该如何表达。进一步说，她们更不知道如何向男性提出性要求。正因为她们将自己视为性客体，所以无法做出性主体该有的行为。

作为主体生存并不是一件容易的事情，以客体的方式生存反倒会更容易，因为这样就不必绞尽脑汁思考自己的问题，只需按照别人制定的基准生存就可以。正因为如此，很多已经习惯于客体化生存的女性，反而会对那些想要以主体方式生存的女性表露出极大的敌意，甚至这种敌意比来自男性的敌意还要强烈。

由此可见，女性想要拥有主体性是一件非常困难的事情，需要打破的社会偏见也很多。因此，相比自主决定权，我更喜欢对女性们使用"主体性"这一词。

在女儿的性教育过程中，与性主体性一样重要的另一个核心就是勇气。正是因为我们的社会充满了性暴力，所以勇气才会成为女儿性教育的另一个核心。对于勇气这一核心，我将在讲述性暴力问题的第五部分时进行解释。

原则 6
不能局限于性教育，还要进行"性别教育"

提起玩布娃娃，你会想起什么场景？也许，你会想起女孩们聚在一起玩布娃娃的场景。至于男孩玩布娃娃的场景，你可能很少会联想起来。让我们再来看看娃娃们的长相是什么样，拥有修长身形的白人娃娃，让人怀疑世界上是否真的存在这样的人。

我曾经在欧洲看到过某个玩具企业的广告，但广告的内容却令我大为吃惊。同样是玩布娃娃的场面，里面不仅有女孩，还混着一些男孩，而且我还看到里面有个男孩正在用针线缝东西。

看到这样的广告，你会不会感到有些别扭？恰恰相反，孩子们反而没有这样的偏见。他们不会有抗拒的心理，而是很自然地接受它。不过，假如父母们看到这一幕，多半会阻止孩子说"你一个男孩玩什么女孩玩的东西"或"男孩就应该有男孩的样子"。

在英国和瑞典，还有一个团体主张：无关乎性别，要保障让孩子们有玩自己想玩的玩具的权利。在欧洲旅游时，有一件事情让我印象深刻：超市里卖的娃娃都是成套的，里面不但有女性娃娃，还有男性娃娃，这说明无论是男孩还是女孩都可以玩。另外，这也不仅仅只是性别问题，因为那里不但有黄种人、黑人、白人娃娃，甚至还有失去大腿的残疾人娃娃及轮椅玩具。

玩这种玩具的孩子和只玩经典型芭比娃娃的孩子相比，自然会发展出不同的心态，而他们的生活轨迹也会完全不同。这意味着社会的形态也将发生转变。

一直以来，我们都将"儿子应该养成男子汉，女儿应该养成淑女""儿子的东西是蓝色的，女儿的东西是粉色的"当作一种"标准"。然而，研究结果表明，孩子出生时除了身体上的差异，并不存在其他性别差异。只是随着成长，他们因"男子汉不可以轻易流泪""女孩要乖巧"等社会性期待，出现了二分法式的区分。

最近"性别"（Gender）一词开始受到人们的关注。这里的性别指的是在社会文化方面的性，而并非生物学方面的性，即这里所说的性别是一种强调"女性性和男性性并非天生"的表现方式。因此，人们大可展现自己的个性，而不用再恪守现有的性固有观念。

所谓的性别教育就是矫正现有的二分法式分割及扭曲的思想，同时培养男性和女性真正理解和尊重对方的性别敏感性的教育方式。另外，就是不将孩子的可能性圈定在偏斜的男性角色和女性角色里，让孩子能够正常发挥出自己具备的个性。

如今，需要将女儿养成"淑女"的时代即将终结。一直以来，女儿就应该有"女儿样"的偏见，使得我们培养出无数缺乏性别敏感性的女性。正因如此，我才会认为性教育的范畴要包含性别教育。正如之前所说的那样，只有落实性别教育，女儿们的主体权才能实现。

　　从现在起，父母们一定要记住：女性性和男性性绝非本质或天生。我们不应该因为她是女性就逼迫她按照符合性别角色设定的方式成长，而是要帮助她形成自己独有的个性。

原则 7
刨除性别敏感性
谈论性教育没有任何意义

事实上，在人类历史当中，性别问题成为热门焦点、人们为性平等付出努力并得到回报也是近期的事情。在以前，性暴力被当作与女性的贞操、纯洁有关的问题；而如今，性暴力已经重新被定义为与人类的性自主决定权有关的问题。除此之外，约会暴力、婚内强奸、跟踪骚扰等行为也被归类为违法行为，而不是像之前那样被视为爱意的表达方式。

不过，这并不意味着性暴力问题就得到了解决。

现在的韩国处于性平等社会的过渡期。现在正在阅读本书的父母们应该大都处于 30—40 岁。如果大家对自己小时候的情况和现在的情况进行一番比较就会发现：在性平等方面，虽然有得到改善的一面，但仍有一些部分始终不曾改变，这让我们感到很不痛快。

在这种过渡期里，我们的女儿不但要在性平等意识比以前更强烈的社会中适应并生活下去，还要做好迎接性平等意识更强的未来社会的准备。

因此，想要让女儿适应社会，进而引导变化，父母就得比孩子先一步强化自己的性别敏感性。因为父母平时在家里显露出来的性别意识会原封不动地传递到孩子身上。

你可以想想，自己平时是不是下意识地对孩子说过以下几句话。

你是否经常对女儿使用"因为你是女儿""你身为女孩"等类似的话语？你是否在看电视剧的时候说过"身为男人怎么可以这样""女孩怎么能这样"之类的话？当你看新闻的时候，是否对画面中的女性做过"哎，长得真难看""这妆化得跟鬼似的"等评议外表的发言？你是否在接触性暴力相关新闻时，用"是不是有点儿小题大做了""说不定是自己勾引的"等言辞责备受害人，同时还有过维护加害者的立场？

父母要检讨一下自己在孩子面前维持着何种性别格局。

承担大部分家务的是不是爸爸妈妈中的某一个人？逢年过节的时候，忙碌的是不是只有一个人？爸爸妈妈有一起参与育儿过程吗？爸爸和妈妈之间有没有用"身为男人怎么怎么样""女人就是多事"等话来攻击过彼此？

这样的问题不应该自己一个人研究，而是要与配偶一起检讨。因为往往父母当中只有一人存在问题的情况也不少见。

刨除性别敏感性，谈论性教育没有任何意义。这就好比只将性知识储存在脑子里，而不懂得运用，即等于没有接受安全教育就学开枪。为了能够让女儿适应变化更大的未来社会，父母也要一起努力。

原则 8
让孩子拥有能够理性看待性的眼光

提起"性",大家通常会想到什么词?如果现在到幼儿园对六岁的孩子们提问"说到'性',你们会想起什么",你们猜孩子们会如何回答?大部分的孩子都会回答说"精子、卵子"。当然,也有孩子会回答说"怀孕""结婚"。怎么样?是不是感受到时代的差距了?这至少说明现在的性教育比以前要活跃。

不过,偶尔也有孩子会回答说"色情片""变态"等。如果问他们是怎么知道的,他们就会说"朋友那里听到的""哥哥告诉的""网上看到的"。不过,若让他们说得再清楚一点儿,他们又解释不清楚。这就和不知道脏话的内容却喜欢说脏话是差不多一样的心理。

下面给大家看一下数年来我与孩子们交流时收集到的一些词汇。

提及"性"时会想到的词汇——身体上的、肉体上的

家族、男女、避孕、性交、自慰、射精、精子、月经、生理、小鸡鸡、荷尔蒙、色狼、避孕套、洞洞、sex、kiss、baby、怀孕、婴儿、胎教、胎儿、诞生、生命、高潮、同床共枕、子宫、排卵期、大人、妈妈、家庭、异性、卫生纸、阴茎、打飞机、勃起、爱抚、手淫、遗精、精液

提及"性"时会想到的词汇——心理上的、精神上的

有益健康、恋人、交往、纯洁、要小心、害怕、神秘、男女接触、分享、关爱、性关系、背叛、珍贵的、快感、恶心、好东西、太色情、害怕、未婚妈妈、美丽、身体接触、初夜、创造、幸福、未婚先孕、上床、力气、夫妇、贞操、慎重

怎么样？是不是感到很惊讶？孩子们对性的兴趣和了解往往比大人想象的还要大、还要多。

大家也可以问问自己的孩子相同的问题。如果孩子做出"有利于健康""愉快"等回答，就说明孩子所了解的是性的积极、快乐的一面；如果孩子做出"恶心""色狼"等回答，则说明孩子所了解的是性的消极的、破坏性的一面。大体上，大部分男孩都趋于前者，而大部分的女孩则趋于后者。

无论孩子了解的是性的积极的一面还是消极的一面，其实都不

见得是什么好事。因为人必须理性地看待性，即积极的一面和消极的一面都要了解到。因此，对于了解性的积极的一面的孩子，我们要告诉他性的消极的一面；而对于了解性的消极的一面的孩子，我们则要告诉他性的积极的一面，即他对性的了解必须是客观的、平衡的。

当然，性并不是什么坏事情。事实上，它是一件非常美好的事情。只要我们能够健康地经营它，它就能给我们带来快乐和心理上的安定。不过，世界上也存在坏的一面，性犯罪就是一个负面的例子。性本身并不坏，但人们若是将它用于不好的事情上，那就是犯罪。因此，我们要帮助孩子从小时候开始了解性的两面性。

原则 9

用正确的表达方式，
唤醒孩子的性平等意识

有时，女儿会问我们："我为什么没有小鸡鸡？"她有可能是在和爸爸一起洗澡的时候产生了疑惑；也有可能是男孩曾嘲笑过她，说"你没有小鸡鸡"。

也许在父母的年代里，说"男人有小鸡鸡，女人没有小鸡鸡"并没有什么不妥。但这种表达必然是以"男性有小鸡鸡所以优越，而女性没有小鸡鸡所以劣等"的意识为前提的。这种解释不但是错误的性知识，还是以男性为主体的性别歧视意识。

然而就像上述的情况一样，我们日常生活中有关性别歧视的描述实在是太多了。举个例子说：在韩国，有"女演员""女记者"的称呼，但并没有"男演员""男记者"的叫法。另外，有"女军人""女警"等称呼，但不存在"男军人""男警"等叫法。孩子们上的学校名称也不例外。只收女孩的学校叫"女中""女高"，特意加上了"女"字，但只收男孩的学校也不叫"男中""男高"，而是称呼为"初中""高中"。

这样的表达方式都是以"男性是主体，女性是客体"为前提的。我在前面多次强调过女儿性教育的核心是主体权。为了培养女儿的主体性，对于这样的表达方式，我希望大家能够一起进行反省并更正。

那么女性身上对应男性小鸡鸡，即对应阴茎的部位是什么呢？当遇到这样的提问时，孩子们或大部分大人都会回答说，对应小鸡鸡的是子宫。然而真正的答案却是阴道。由于在上课时学到的是子宫，加上老师又很少会提及阴道，所以我们不知道也是情有可原的。

如果说我们第一阶段的性教育采用的是"男性有小鸡鸡，而女性没有小鸡鸡"的表达方式，那么第二阶段的性教育则采用的是"男性的小鸡鸡在外面，而女性的小鸡鸡在里面"的表达方式。如今第三阶段的性教育采用的则是"男性有阴茎，而女性有阴道"的表达方式。

当我要求父母说出生殖器的名称时，拥有儿子的父母倒是能很轻松地说出"阴茎"这个词，但拥有女儿的父母在说出"阴道"这个词时感到很为难。他们认为说出这个词很尴尬。但是他们为什么会感到尴尬呢？因为相比"阴茎"，他们对"阴道"不是很熟悉。让孩子们熟悉这个词，在性教育过程中十分重要。因为我们一直以来很少提及它，所以从现在开始要经常提及它。这一点无论是父母还是孩子，都一样。

　　熟悉一个词的最好的方法无疑是熟悉那个词所指的事物本身，即女性要熟悉自己的生殖器。想要做到这一点，我觉得大家有必要好好观察自己的生殖器。对于女性观察自己生殖器的方法，我将在第二部分中详细说明。希望大家到时候能够好好参考。

　　接下来，我给大家整理一下上述内容。我们不应该说男性有小鸡鸡，而女性没有小鸡鸡；而是应该说男性有阴茎和睾丸，而女性有阴道和卵巢。怎么样？改变了一下说法，是不是有种女性不再是没有小鸡鸡的劣等存在，而是一个拥有与男性不同生殖器的同等存在的感觉？只有人们具备这样的意识，男女之间才会相互尊重。

　　从今往后，我们不应该使用"有和没有"的表达方式，而是应该使用"都有"的表达方式，给孩子们培养男女平等的性平等意识。

原则 10
让孩子认可自己的人品

你有没有听说过"脱下束腰"运动？这里的束腰（corset）指的是一种用来收紧腰部的女性紧身内衣。如果说给穿戴不舒服的女性内衣排名，那束腰肯定是当之无愧的第一。然而为了显露好看的身材，女性们明知穿着不舒服，却仍然对束腰趋之若鹜。"脱下束腰"运动并不仅仅是反对穿束腰的运动，而是引发女性们关注"过度装扮"这一问题的意识，呼吁大家不要参与"过度装扮"的运动。甚至，一些美妆 Youtuber（youtube 用户）宣布进行"脱下束腰"运动，还表示不再更新教化妆的视频，从而引发了网友们的热议。

女性们直接或隐晦地被社会要求进行的"过度装扮"太多，也太累人。例如化妆、减肥、整容手术等，相信正在读这本书的妈妈们应该最为了解。然而这样的"过度装扮"正在逐渐向低年龄女性群体蔓延。据说，现在初中、高中的女学生们也会从其他同龄的女性那里受到有关化妆的压力。这种问题不只出现在十几岁的孩子身上。前不久，在美国发现女性儿童的衣服要比男性儿童的衣服更短、更贴身、更不舒服的问题，引发了媒体和人们的高度关注。这说明从尚不能察觉到"过度装扮"的幼年时期开始，女性们就被社会化了，且越来越熟悉装扮。

我也无法彻底摆脱"过度装扮"，因为有时"过度装扮"也能给我带来快乐，所以这个时候的"过度装扮"，我更愿意称呼为"装扮游戏"。例如逛街时发现很适合自己的衣服，无论是出钱买衣服时，还是带着衣服回家时，又或者将衣服穿在身上时，我都会感到非常幸福。

各位觉得是什么造成了这种差异？我认为造成这种差异的原因在于是将基准定在"我的视线"，还是定在"别人的视线"上。若是在意别人的视线，即在意男朋友会怎么看、邻居会怎么看、大家会怎么看，并为了迎合别人的视线而装扮自己是得不到快乐的。这无异于折磨自己。但若是以"无论别人怎么说，我就是喜欢这样的打扮"的心态装扮自己，那自己的心情肯定非常愉快。

如此之多的女性将装扮本身视为强制劳动，并支持"脱下束腰"运动，这也说明了相比"我的视线"，女性们更重视"别人的视线"。这同样与主体性问题挂钩。由于将自己视为客体，而非主体，所以她们才会如此在意别人的目光。

当然，"我的视线"和"别人的视线"并不会始终被区分得那么明显。若是过分尊崇"别人的目光",到了某一瞬间,它说不定就会在你的内心生根、发芽,最终转变为"我的视线"。正因为如此,我们才要常常聆听自己的声音,尊重自己的喜好,为找到真正的"我的视线"而努力。

我始终认为造成现在这种局面的最大责任在于社会,而第二责任在于那些抚养女儿的父母们。倘若父母过于注重女儿的外貌,或者想要给女儿穿上所谓的女性风格的衣服,孩子自然不可避免要受到这种影响。

不少父母问我:只是给女儿做性教育而已,有必要注意这么多吗?可是大家要记住,性教育的核心是主体性。这也可以视为一名女性、一名人类对自身的肯定。正因为如此,我们不得不提及对女性尤为残酷的装扮问题。我希望我们的女儿能够不断探索"我的视线"是什么的问题,最终成长为懂得愉快地装扮自己的女性。

原则 11
考虑好女儿当前所处的阶段

当前的韩国社会在性和性别的认知方面，正处于巨大的过渡期。一直以来，社会上受到不公正待遇的女性们开始正式发出自己的声音。虽然之前也存在这样的呼声，但不可否认如今这片呼声已经不局限在它的周边，而是骤然壮大成社会的一大趋势。

女儿们会在这样的趋势中发生何种转变呢？而我在现场主动与下至小学生，上至高中生的多年龄段的女儿们接触后发现，很多孩子已经发生了转变。只不过并不是所有的孩子都产生了变化。或者说，尚未变化及无法变化的孩子们仍然不少。大家可以根据我所提出的性教育的核心——主体性为基准，判断女儿们当前所处的阶段。

若孩子已经发生转变，说明她们的主体性很高。这可能跟她们从小接受的教育有关，也有可能是出于某种契机自行发生了转变。她们对自己的身体或性自主决定权拥有主人意识，同时很关注有关性别争议的话题。与她们进行对话时，就连身为性教育专家的我有时也会感到大为吃惊。我甚至会产生"哪怕是为了这些孩子，我也得发愤图强"的想法。

反之，若孩子没有经历变化，说明她们的主体性还很低。不仅小时候父母没有教她们这些，而且她们也没有找到变化的契机。总的来说，这些孩子并没有意识到变化的必要性。不然就是对变化本身抱有一定的恐惧心理。她们害怕自己的转变会给周边人留下不好的印象。每当与这些孩子对话时，我都感到无比惋惜。于是，我就暗暗下定决心："哪怕是为了这些孩子，我也得加把劲儿。"

除了上述两种情况之外，还有一些孩子处在不上不下的中间阶段。她们是一群意识到主体性的重要性并逐渐培养主体性的孩子。处在这个阶段的孩子说不定是最多的。

以主体性为基准，我们或许能将孩子们区分为"高级""中级""低级"三个阶段。我们的女儿就是这么色彩斑斓的存在。而我在现场接触这些孩子时，最担心的一点就是这个部分。因为她们所处的阶段都不相同，所以我无法轻易判断究竟该依照哪个阶段将内容讲给她们听。正因为如此，父母也要好好想想自己的女儿究竟处于哪个阶段。只要跟女儿好好聊一聊，很容易就能判断出女儿所处的阶段。

如果父母妄想将低级阶段的孩子一下子拉到高级阶段，很有可能会起到反作用。届时，孩子与父母不但会产生隔阂，还会表露出抗拒的反应。甚至，她们有可能根本无法理解其中的内容。因此，父母要抱着恒心及循循善诱的心态，对孩子展开性教育。

另外，并非高级阶段的孩子就不需要接受性教育。哪怕处在高级阶段，她毕竟也只是一个孩子。即使主体性再高，进入实战时也会漏洞百出。更何况她们将来有可能会直接或间接地经历到打破主体性的状况，或者在恋爱的过程中自己的主体性受到损伤。因此，我们要给孩子培养一种恢复弹力。这里所说的恢复弹力是指一种即使遭遇失败也能像弹簧一样跳得更高的力量。

原则 12
给一个孩子做性教育
需要动员整个村子

在韩国，有一句话叫作："养一个孩子，需要动员整个村子。"
意思是想要养好一个孩子，单凭父母力有未逮，因此需要邻居和整
个地方社会的配合。

我想将这句话改为"给一个孩子做性教育，需要动员整个村
子"。在给孩子展开性教育的过程中，父母的作用最为重要，但周
边的人群和地方社会同样会起到很大的作用。因为人从很小的时候
开始就已经是一个社会性的存在了。

近年来，很多父母在孩子很小的时候就将他们送到托儿所，而
等孩子稍微长大点儿又会将其送往幼儿园。过去的时候，人们认为
至少要等孩子上小学之后才可以对他进行性教育。而现在，即使是
在托儿所或幼儿园也会对他们进行性教育，而且就连父母们的观念

也发生了很大的改变。在过去，如果托儿所老师给孩子讲解性知识，父母们就会埋怨"太早了"，但如今支持这一点的父母越来越多。

父母们应该多关注托儿所或幼儿园中的性教育课程，确认所谓的性教育是否是用来打发时间的应付式教育；或者，虽然会传授性知识，但老师在平时会不会习惯性地表露出"你一个女孩……""男孩就应该"等过时的固有观念。

在养育孩子的过程中，很多父母都会接受老人们的帮助。因此，事实上在很多家庭中，孩子的祖父母才是他们的实际养育者。育儿专家们告诉我说，如果是上述情况，那父母就不应该过多干涉祖父母的养育方式，而是选择尊重他们的养育方式。只不过对于实在看不过去的方式，则可以通过沟通达成共识。不过，作为性教育讲师，我认为祖父母的性别敏感性是必须要点明的地方。

在父母们的成长时代，人们对社会环境中的性别敏感性远不如现在这么重视；而在祖父母们的成长时代，社会观念中的性别敏感性比父母们的时代还有所不如，以至于很多祖父母尚未接收到当前社会的变化，甚至依然停留在过去的意识当中。他们经常会对孩子说"你一个女孩怎么比男孩还野""男孩玩过家家会掉小鸡鸡"等，如此一来，即使父母再想给孩子进行正确的性教育，孩子也有可能产生思维上的混乱。

对于这种问题，我想劝告各位一定要与祖父母商量好。大家可以先充分认可祖父母的作用和辛苦，然后再一起谈一谈祖父母对性教育的想法和存在的意识问题。

2

性教育始于父母

青春期之前的 15 种性教育

这时也要给女儿点明主体性的重要性和亲密举动的原则，即我们要告诉她，在与相爱之人发生性关系时，彼此都要同意和允许，同时是否与对方发生性关系的问题要自行做出判断。事实上，这样的话无论重复强调多少次都不嫌多。

♀

不畏不缩
直面女儿的
性教育

女儿的性教育 1
性教育要从身体教育开始

任何事情，第一步都很重要，就如穿衣服时扣对第一个纽扣很重要一样。同样，性教育中的起步阶段也很重要。在进行性教育的过程中，重要的是父母和孩子都要将性教育本身当成很自然的事情及日常生活的一部分。

其实，所谓的性教育没什么特别，你完全可以将它看作一种"身体教育"。教导刚出生的婴儿识别自己身体的部位，其实已经算得上是性教育的开端了。

到了早上，婴儿睁开眼睛，父母就帮他洗漱。这时，我们可以跟他讲一下有关身体的事情，例如："我们用热水洗脸吧。洗洗鼻子，刷刷牙齿。刷刷。"另外，给孩子按摩手臂和大腿的时候，可以对他们说："来，伸一下大腿，让我们快点儿长个子。举起手臂，做个万岁的动作。"

孩子撒尿，需要给他更换尿不湿的时候，我们也可以说："小妹妹尿尿了。"拥有儿子的父母要经常在小孩面前使用"小鸡鸡"的称呼，而相比之下，拥有女儿的父母比较忌讳使用"小妹妹"的称呼。可是父母忌讳使用这种称呼就很难对孩子展开身体教育。而当父母和孩子真正熟悉"小妹妹"这一称呼之后，我们就可以使用更加准确的称呼说："阴道尿尿了。"

等孩子长大，能够听懂大人说话，同时能够在一定程度上表达自己内心的意向时，我们就应该多向孩子提一些寻求同意的问题。例如我会问孩子："我们看看宝贝的小妹妹有没有尿尿好不好？"因为即使孩子年纪再小，她也是一位拥有主体性的女性。上学或上幼儿园的时候，有些父母会因时间紧迫的关系直接脱掉孩子的衣服。但事实上，这种时候我们可以适当地放宽心态，然后向孩子提议"你自己脱还是妈妈帮你脱？如果你跟我说'帮帮我'，我就帮你脱衣服"。这样的方式是一种非常有效的主体性教育。

虽然我只有儿子没有女儿，但寻求同意的提问无须分男女，所以我就举个自己的例子。比如我就很喜欢亲亲儿子的手背。每当亲吻他手背时，我就会对他说："哎呀，我的儿子胃口真好。来，让妈妈亲一下！"这时，儿子就会咯咯大笑。我又问他："要不要妈妈再亲一下？"如果儿子发出欢快的笑声，我就继续亲吻他的手背。

另外，我想抱儿子的时候就会向他张开双臂。如果儿子跑进我的怀中，就说明他答应了我的请求。如果儿子不跑进我的怀抱，我就会马上放下手臂，然后对他说："怎么？现在不想和妈妈抱抱吗？好，我知道了。"如果儿子的表情显得闷闷不乐，我也会询问他："为什么不想和妈妈抱抱？是不是心情不好？"这时，儿子就会说："今天在幼儿园，我跟同学打架了。他……"而我会仔细地倾听他说的话。

我之所以这么做，是为了向儿子发出我尊重他的感情和判断的信号。这样可以让儿子进行思考和判断"现在我需要的是什么""现在我的心情怎么样"的练习；同时能够向儿子转达"你身体的主人是你自己"的信息。

对于亲亲，我还有一些事情需要说明。相比儿子，女儿或许更希望父母能亲吻自己。尤其，作为"宠女狂魔"的爸爸们会经常向女儿寻求亲亲。我知道父母的这种行为是出于对孩子的疼爱，但它很有可能会让女儿产生"父母要求亲亲时，我必须得同意"的意识。或许有人觉得"这也不是坏事情"，但这种行为无疑是将女儿训练成客体的行为，不值得我们提倡。

孩子不可能始终喜欢父母的亲近。即使是父母，如果一天工作太劳累，回到家中也会产生不想抱孩子的心情。同样，当孩子心情不好时，他们也会哭着拒绝父母的亲热。即使孩子不会说话，他们也会通过声音或表情来表达自己的情绪。如果孩子表达喜欢的意向，你可以跟他亲热；但如果孩子生气或哭泣，你就不应该跟他做出亲密的举动。你也可以向儿子道歉说："对不起，妈妈不知道你现在不想亲妈妈。"

事实上，在父母的眼中，孩子皱着眉头拒绝的样子也会显得非常有趣和可爱，因此即使孩子表现出不愿意跟父母亲热的样子，父母多半也会强行亲吻他。作为一个孩子的妈妈，我同样理解这种心情，但大家要明白，这种行为是不可取的。对于孩子来说，这是一种了解自己意向的宝贵经历。而在这过程中，父母同样可以进行尊重孩子判断的练习。

女儿的性教育 2
家人之间也要遵守主体性的原则

即使是孩子接触到别人身体的情况，我们同样也要遵守主体性的原则。我身体的主人是我自己，而别人身体的主人则是他自己，因此正如其他人想要抚摸我的身体，就必须得到我的允许一样，我想要抚摸别人的身体时，也需要得到别人的允许。而家长必须记住这一点，并不停地让孩子进行这种练习。

即使是关系亲密的家人，这一点也不能例外。孩子要明白即使是家人、是非常疼爱自己的爸爸妈妈，他们也不能随意触摸自己的身体。

孩子们大都具有害怕父母不会再爱自己的担忧心理，因此父母们担心自己拒绝孩子亲热的行为会给孩子带来伤害。正是出于这种愧疚心理，父母们往往都很难拒绝孩子的要求，基本都是有求必应。然而这样的行为不利于父母，更不利于孩子。身体上的亲密接触，必须是在双方都高兴并同意的情况下进行。

父母抱着愧疚的心理，勉为其难地接受与孩子的身体接触是一种牺牲。然而你完全可以不用牺牲。你可以用尊重来代替牺牲。父母尊重孩子的主体性，而孩子也得尊重父母的主体性，即要遵守相互尊重的原则。

而这时，最重要的过程就是给孩子传达父母的想法和感情。不少父母都不考虑自己的感情，只是一味地迁就孩子，然后最终在某一刻爆发，对孩子喊："不行，走开！"之所以会出现这样的事情，是因为父母们不懂得向孩子透露自己的感受。我们大可对孩子解释说："妈妈刚刚接完电话，现在很生气。等妈妈心情好了再抱抱你。妈妈现在不抱你，绝不是因为不爱你。"这不是辩解，而是解释。

起初，孩子有可能会慌张，甚至是撒泼打滚。但只要熟悉了，孩子一定会说："那等妈妈心情变好了，记得一定要抱抱我。"只要建立了信赖的基础，孩子就不会感到不安，而且只有这样做，孩子才能好好地进行尊重父母的感受及尊重别人的感受的练习。它可以说是一种身体接触的礼仪。

我告诉大家一个"5∶5关系沟通定律"吧。我们经常看到父母站在原地不动，然后孩子跑过来拥抱父母的场景。在我看来，这种拥抱中双方的付出等于0∶10。现在大家应该能够理解我所说的5∶5指的是什么了吧? 就是父母向孩子跑去，而孩子也向父母跑去的拥抱。这种拥抱等于是在做相互尊重对方主体性的练习。读者们也可以尝试一下。

在做出亲密举动的时候，尊重对方的主体性，这种方式在夫妻之间也很重要。无论是只有夫妻二人的时候，还是在孩子面前，我们都要时刻注意这一点。毕竟孩子会学习、模仿父母的行为。总之，父母一定要记住，身体的主人永远只能是自己。

女儿的性教育 3
不要因为别人喜欢女儿，就让女儿同意对方的亲近

家人之外，经常会有一些亲戚长辈、父母的朋友及陌生的长辈们在看到孩子时嚷嚷着"哎哟，长得真可爱"，而对孩子做出一些亲密的举动。遇到这样的情况，父母必须要让孩子自己做出选择，即要让对方向孩子询问"我可以抱抱你吗""我可以亲你一下吗"等问题。另外，父母也可以帮助孩子选择可以亲吻、抚摸的部位，如手背、额头、鼻子、脸颊等。

然而在大部分情况下，父母们反而会劝孩子接受别人的亲近。例如他们会对孩子说："这是因为他们喜欢你。"尤其，相比拥有儿子的父母，拥有女儿的父母更喜欢做出这样的行为。而父母做出这样的选择，多半是因为希望自己的女儿能够成为一个听话的、受到大人喜欢的孩子。

不过，这并不是将女儿养成"好孩子"的方法，而是忽视女儿的感受和判断的行为。因此，不能因为大人喜欢孩子就让孩子强行接受来自大人的亲近。这会让父母在家中对孩子进行的自主决定权练习成果化为泡影。

　　我经常从女孩们的口中听到这样的话："我不喜欢亲亲，可是爸爸妈妈告诉我说不可以这样，因为这样爷爷奶奶会伤心。""他们经常对我说，都这么老远过来了，怎么也得抱一下。"如果听到父母这种言论，孩子的思维就会产生混乱。她们会疑惑："我只是发表自己不喜欢的感受，爸爸妈妈为什么要说我会变成坏孩子？"最终，孩子们多半会迫于来自大人的压力和顾及周边的氛围而按照父母的要求跟别人亲亲或抱抱。于是，父母好不容易在家中对孩子进行的主体性练习的成果将瞬间化为乌有。

　　须知，并非所有与父母关系亲近的大人都能给孩子带来亲切感。陌生感、身上的烟味、胡楂儿等都有可能让孩子讨厌对方。即使是每天都会见面的家人之间也有不想亲亲的时候，更何况那些亲戚长辈往往相隔几个月或逢年过节时才能见到一面，他们突然想要亲孩子，孩子怎么可能会愿意。哪怕对象是异常疼爱孩子的爷爷奶奶也是如此。

　　因此，我们不可以因为对方是大人就强迫孩子接受这种亲近行为。如果对方真的喜欢孩子，完全可以通过其他方式表达自己的感情。例如称赞说孩子漂亮；在获得父母的同意后，给孩子一些零花钱或给孩子买她想要的礼物等。

另外，我再举例说明一下陌生人触碰孩子的情况。例如在坐地铁的时候，坐在旁边的一位叔叔或阿姨突然对孩子说"你真可爱啊"，然后捏一下孩子的脸颊。虽然只是一点点触碰，但毕竟没有询问孩子的意向，所以父母绝对不能允许陌生人这样的行为。

　　如果陌生人做出这样的举动，孩子通常会扭头看向父母。这是孩子在向父母表达"快来保护我"的意思。这时，父母就要明确地对那位叔叔说："那个，这位叔叔，你都没有征求我家孩子的意见，怎么可以伸手摸她呢？即使我身为父母，在抚摸她之前都会征求她的同意。"孩子在看到这一幕之后，就会再次确认"未经过我的允许，谁都不可以触摸我的身体"的道理；同时，她的心中还会产生"父母始终都会保护我"的信赖感。

　　从广义上来说，它甚至会与儿童性侵犯问题挂钩。因为很多性犯罪人都会通过"你长得真漂亮，要不要跟我一起走啊"等称赞的方式接近孩子，再进行诱拐；或说着"让我摸摸，我摸你是因为你太可爱了"之类的话，去抚摸孩子的身体。遇到这种情况时，如果受侵犯的对象是一个善于判断和决定自己事情的孩子，她就会马上认出这是不正常的情况，然后拒绝对方。因为她知道即使对方再喜欢自己，自己也没必要非得答应对方的要求。

女儿的性教育 4
从小时候开始就告诉孩子生殖器的正确名称

对于这一部分，我们曾在第一部分中略有提及，但在这里，我们将更加详细地进行解说。因为生殖器的正确名称，我们要从孩子很小的时候开始讲给她听。

我们通常将儿子的生殖器称呼为"小鸡鸡"，而将女儿的生殖器称呼为"小妹妹"。其实，使用这些名称本身并不存在什么问题。我也不是说不能使用这些称呼，而是希望在使用这些名称的时候，最好告诉她们该部位的正确名称。

孩子小的时候，我们有时会对他们说"吃饭饭"，有时会对他们说"吃饭"；有时对他们说"喝水水"，有时又对他们说"喝水"。总之，会非常自然地交替使用符合婴儿特点的"婴儿用语"和正常用语。

在指孩子生殖器的时候，我们也应该这么使用。在给孩子洗澡的时候，我们这一次可以说"我们洗小妹妹吧"，下一次再说"我们洗阴道吧"。有时，我们还可以更加具体地指着孩子的生殖器告诉她："这里就是阴道。"

之所以这么做，是为了让孩子自然地接受与生殖器相关的用词及各种性相关用语。具体使用何种语言，最终将对孩子价值观的形成产生极大的影响。

这一点对女儿尤其重要。正如之前所说的那样，拥有女儿的父母们相比拥有儿子的父母们更忌讳说出生殖器的名称。虽然也有女儿的生殖器没有儿子的生殖器显眼且结构更加复杂的原因，但更多的是出于忌讳提及女性生殖器的社会氛围。因此很多妈妈虽身为女性，却至今不清楚女性的生殖器结构和名称。爸爸们就更不用提了。

正因如此，女儿小时候别说是听过"大阴唇""小阴唇""阴道"等正确的名称，就连"小妹妹"的称呼也很少听到。连自己的生殖器都不清楚，何谈培养对待"性"的主体性和勇气。

事实上，"小妹妹"也不是原本称呼女性生殖器的名称。那么，真正委婉地称呼女性生殖器的名称是什么呢？答案是没有。词典上根本就没有这样的词语。后来，性教育慢慢得到普及，"小妹妹"才渐渐成为指代女性生殖器的称呼。这也从侧面上说明，我们以往从未向女儿提及生殖器概念的事实。

生殖器也是我们需要了解的身体结构。倘若父母对女性的生殖器不是很了解，那么可以先从给女儿讲解女性生殖器正确名称做起。只有对自己的身体结构了解透彻的孩子，才能真正爱惜自己的身体。

女儿的性教育 5
让孩子观察自己的生殖器

正在读这本书的妈妈们，你们有没有仔细观察过自己的生殖器？每次我演讲的时候提到这一问题，回答"有"的人其实很少。就连妈妈们都是如此，想必女儿们观察自己生殖器的机会就更少了。

出于结构的特殊性，男性想要观察自己的生殖器是一件很容易的事情。即使不下定决心要观察自己的生殖器，日常生活中不可避免地会看到它。然而女性的生殖器结构决定了女性注定无法像男性那样轻松地就可以看到自己的生殖器，所以我认为女性有必要特意去观察自己的生殖器。虽然弯腰也能观察，但这样的姿势很难受。

我推荐的方法是使用镜子进行观察。不过，在让女儿观察之前，妈妈一定要先行观察。想要不受到别人的打扰，最好在属于自己的空间里进行。想要观察得足够仔细，必须要在有余闲的时候进行。当然，照明也要够亮。

第一眼我们可以看到被称之为"外阴"的女性生殖器的外露部分。外阴具有生育、生理、性交等诸多功能。张开大腿，用镜子照射，我们可以看到两腿中间到肛门处覆盖着一片阴毛。生殖器外部的结构，我们称之为外阴唇；内部的结构，我们称之为内阴唇。每个人外阴唇的结构长得都不相同。内阴唇的触感柔和，对外部的刺激很敏感，性欲发作时会鼓起来，颜色也会变深。耻骨联合前面隆起长有阴毛的柔和脂肪组织，我们称之为"阴阜"。阴阜的下方有一个内阴唇合拢的部位，我们称之为"阴蒂包皮"。阴蒂包皮包裹着阴蒂头。阴蒂头是阴蒂的顶端。小心地打开阴蒂包皮，我们就可以看到隐藏在其中的阴蒂头。阴蒂头是整个生殖器官中最敏感的部位，所以当性欲发作时同样会勃起。如果抚摸阴蒂包皮到耻骨联合处之间的部分，我们可以发现皮肤的下方藏有坚韧、可移动的韧带。抚摸这个部分时，我们偶尔也能产生性冲动。它的名字叫阴蒂体，属于阴蒂的一部分。阴蒂包含阴蒂头、阴蒂体、阴蒂脚等多种器官。

我也会时常抽空观察自己的生殖器。我发现随着年龄的增长，生殖器的形状也在发生变化。不知从何时起，我的阴毛上也开始生出白毛。我很珍惜随着我一起老去的生殖器本身。女性需要观察自己生殖器的理由，就在于可以更加爱惜自己的身体。

另外，还有一个原因是为了确认生殖器的卫生情况。不同于男性生殖器，女性生殖器的结构使得对它的清理过程变得非常烦琐。

大部分女性在洗澡的时候，只会粗略地搓一遍就了事，但事实上，这样的方式无法将生殖器褶皱里面的分泌物清理干净。我们必须用手指翻开生殖器上的所有褶皱才能清洗干净。

虽然我写这本书的最大目的是让女儿们接触正确的性教育，但我同样希望父母读者们能够自行接受符合当今时代的新式性教育。虽说其他章节的内容也很重要，但对于这个章节的内容，我真心希望妈妈们能够先行实践一下，然后再告诉女儿们如何去做。

女儿的性教育 6
运用积木玩具来解释性关系

有时，孩子会向你询问："妈妈，宝宝是怎么出来的？"在给孩子解释男女性关系，尤其在解释男女生殖器的结合时，我们可以使用乐高等积木玩具来进行描述。积木是孩子们常玩的一种玩具。我们可以用凹型积木和凸型积木，或用寻常积木拼成它们的形状来进行说明。事实上，在给幼儿园孩子进行性教育的时候，我也是利用积木来进行说明的。

例如我们可以这样解释："这两个积木中，凸出来的是男性，凹进去的是女性。当它们相遇后，相遇的地点里就会形成宝宝，而宝宝会在九个月后诞生在世上。"另外，我们还可以跟她们讲精子和卵子，然后告诉她们，当男女的生殖器结合时，精子和卵子会有一定的概率相遇，而一旦相遇就会形成宝宝。

不过，有两点是父母必须要注意的：首先是父母在进行解说时不要太过着急，也不要太刻意去解释，而是要根据孩子的实际理解程度进行说明，即我们要先了解孩子对性的认知程度和好奇程度，然后根据这些情况进行说明。

例如孩子问你："宝宝是怎么出来的？"这其实就是一种信号，意味着孩子已经到了需要了解生殖器结合的阶段。如果孩子向父母发出这种信号，父母就要拿着积木，再次询问孩子："男人和女人当中，像这样凸出来的是什么？那这样凹进去的又是什么？"如果孩子回答说"凸出来的是男人，凹进去的是女人"，那就说明孩子对男女生殖器结构有一定的了解。这时，父母就可以继续说给她听了。

如果孩子回答不知道或支支吾吾说不清楚，那就说明即使父母讲解男女生殖器的结合，孩子也有可能听不明白。遇到这种情况，我们则需要将利用积木进行解说的事情延后，只需告诉她"当然是从妈妈的肚子里出来的"就可以了。如果孩子对此抱有浓烈的好奇心继续提问，父母就要根据孩子的情况，适当地调整解说的深度。

其次，我们需要注意的是，这时也要给女儿点明主体性的重要性和亲密举动的原则，即我们要告诉她，在与相爱之人发生性关系时，彼此都要同意和允许，同时是否与对方发生性关系的问题要自行做出判断。事实上，这样的话无论重复强调多少次都不嫌多，可以说它是比单纯传授性知识更加基础的性教育。

女儿的性教育 7
教导她自慰的礼仪

由于我只有一个儿子，所以之前从未见过小女孩的生殖器。后来，我的妹妹生下女儿后，我给外甥女更换尿不湿时，才第一次看到它。相比成年女性的生殖器，小女孩的生殖器要更加隆起。看到我惊讶的样子，妹妹笑着说："姐姐，我之前也不知道小女孩的生殖器是这种形状，后来生下女儿才知道原来是这样。"

这种隆起的生殖器结构会让孩子在日常生活中经历到因摩擦引发的快感。例如在父母给她们穿裤子或丝袜的时候，或坐在父母膝盖上的时候，或坐在跷跷板上的时候等，她们都能经历到。甚至，在将玩具或沙发的扶手夹在双腿间玩耍的时候，也会经历到快感。因此，当她们想要再次体验那种感觉时，这种行为就会转变为幼儿自慰。通常这种行为在 3—6 岁的孩子身上能经常看到。

遇到这种情况时，父母们往往会十分惊慌。不过，这个时期孩子的自慰行为，不可以与青少年或成年人的自慰行为相提并论。因为她们在自慰过程中并不会进行性幻想。

不过，若是长期放任不管或错误引导，有可能对孩子的成长发育产生不利的影响。因此，虽说不用太过担心，但父母必须进行观察和沟通。

最糟糕的状况就是父母吓唬孩子，比如"为什么摸那里？很脏的，赶紧去洗手""你继续摸那里就会钻出来虫子"等。如此一来，孩子就会先入为主地认为生殖器就是脏东西，而且不但不会改正，还会躲着父母继续偷偷地摸生殖器。

遇到这种情况，你应该亲切地对她解释："生殖器是非常重要的器官，你如果继续摸会让病菌钻进去。"然后，我们再用一些能够引起孩子兴趣的玩具转移她的注意力，从而减少她对生殖器的关注。这时给孩子挑选的玩具要以提高孩子感受能力为主，如拼贴画、涂色、玩沙子、玩水、玩泥巴、握力球、料理等。

不过，父母也不要太刻意地转换孩子的注意力，以免孩子受到"自慰行为不好"的暗示。父母也要具备"孩子有这样的行为也很正常"的心态。另外，不要想着让孩子戒掉自慰行为。相比之下，父母更应该告诉孩子即使自慰，也需要遵守一些礼仪。

第一，必须要在只有一个人的地方自慰。你可以问问孩子："哪里是你自己一个人可以待的地方？"如果孩子回答说"卫生间"或"我的房间"，你就可以继续对她说，"对。你只能在这些地方摸你的生殖器"，同时告诉她"客厅是大家一起生活的地方，所以不可以在这里摸生殖器"。很多孩子误认为客厅也是属于自己的空间。

第二，她能触摸的生殖器只能是自己的。你要告诉她，不可以将自己的生殖器暴露给别人看，更不能看或抚摸别人的生殖器。

第三，抚摸生殖器之前一定要洗手。对于这个部分，我会讲得更加详细一些。

如果你告诫她会有病菌进入她的重要器官生殖器中，孩子肯定会信以为真，养成勤洗手的习惯。处于这个时期的孩子多半具有对病菌的恐惧心理，所以往往对洗手并没有多少抗拒心理。另外，如果在洗完手后，父母允许她抚摸生殖器，那她实际上继续自慰的可能性也会大大降低。

因为洗手有一定调节性欲的作用。当孩子洗手时，凉水会浇灭她的欲求，即她原本打算快点儿洗完手再抚摸生殖器，但凉水会冲淡她心中的这种欲望。另外，我再强调一遍：父母不要以"自慰本身就是很脏的行为，所以一定要洗手"的方式给孩子带来压力。

事实上，相比孩子们的自慰行为，我更想提醒的是在看到孩子自慰时父母们的应对方式。在做咨询的过程中，我发现拥有女儿的父母比拥有儿子的父母更加担心孩子的自慰。哪怕都是相同的自慰行为，拥有儿子的父母虽说有些惊慌，但大致上还是"毕竟是儿子，做出这种行为也不是不能理解"的态度；而拥有女儿的父母则会表露出"天啊，我的女儿怎么会……"的情绪。之所以会出现这种截然不同的情形，完全是因为父母们对女性的性相关行为抱有偏见，将女儿的自慰视为罪恶。父母须知，当发现自己的孩子自慰时，自己要做的是告诉她自慰的礼仪，而不是让她产生负罪心理。

女儿的性教育 8
在给孩子买衣服和玩具时，不要遵循性固有观念

到了卖儿童衣物的地方，你最先听到的一句话会是什么？对，那就是"是男孩，还是女孩"。如果你回答说是男孩，对方可能会给你介绍蓝色系列的衣服；而如果你回答说是女孩，对方则会向你介绍粉色系列的衣服。

而在当今这一提倡个性的时代，女演员可以在颁奖典礼上穿长裤正装，即使是男人也能在紧身牛仔裤上搭配一件裙子穿。在这个时代，有些女性提倡反对强制要求女性装扮的"脱下束腰"运动；有些男性甚至会打破不能浓妆艳抹的固有观念，在网上经营美妆频道。生活在这种时代里，为何非得要求孩子穿得像男孩或穿得像女孩呢？

更何况，所谓的男孩颜色和女孩颜色也不过是陈旧的固有观

念罢了。在 19 世纪的欧洲，红色还曾一度被视为是男子汉的颜色。这一点我们可以从那个时期肖像画中孩子们的穿着打扮上进行确认。

玩具也是如此。人们通常劝家长给男孩买玩具枪或玩具机器人，而给女孩买布娃娃或过家家玩具。如此一来，最终玩法也会分为男孩的"野蛮"玩法和女孩的"家务事"玩法。

不过，更让人感到为难的还在后头。那就是尽管父母从小注重女儿的性别敏感性，但是到了一定年龄之后，孩子依然会沉迷于所谓的"女孩颜色"和"女孩玩具"无法自拔；同样，很多男孩也有可能沉迷于所谓的"男孩颜色"和"男孩玩具"无法自拔。

相比拥有儿子的父母们，绝大多数拥有女儿的父母们都会有意识地采用不同于过去的方法来养育女儿。由于女性在社会中相对处在不利的局面，所以父母更希望自己的女儿日后能够自信地生活下去。可是在这样的情况下，父母发现女儿更加偏爱所谓的女性化的东西，他们就会黯然失色地思索："莫非男孩和女孩的品位是天生的？"

事实上，专家们对此也无法给出准确的结论。可能一些部分是天生的，但也有一些部分是在父母不知道的时候受到外界环境的影响耳濡目染学会的。我本人的想法更倾向于后者。毕竟孩子穿连衣裙比穿裤子得到别人称赞的概率更高。另外，孩子很有可能看到过某个长相漂亮或穿着打扮漂亮的同龄小朋友受到大人们关注的场景。如此一来，她自然就会觉得女性化是更好的选择。毕竟，孩子们往往都会根据大人的反应做出行动。

不过，我们没必要过于纠结它的原因是什么。重要的是父母对孩子表露何种基准和态度。

哪怕孩子挑选的衣服或玩具与以往的性别固有观念相悖，我们也没必要进行阻挠。我们可以给她购买这些玩具，但需要跟她进行沟通。比如我们可以问："你为什么喜欢这个颜色？"也可以诱导她说："除了这个颜色，其他颜色也很好看啊！"或是劝她说："就要娃娃吗？不如买汽车和机器人怎么样？"可以给她解释隐藏在玩具里的偏见："芭比娃娃都好瘦啊！如果你想变成这种体形，那么有可能会损害到你的健康。"

事实上，即使我们做得再多，孩子也有可能继续固执己见，或者说，大部分孩子都很固执。即使如此，父母也没必要感到焦急或自暴自弃。反正，孩子的品位也不是一成不变的，它有一个不断变化的过程。重要的是父母不可以轻易动摇，要始终保持自己的主见。

女儿的性教育 9
几岁为止可以跟爸爸一起洗澡

与家人们一起洗澡是一个可以让入学前的孩子自然、具体地认识到性的机会。通过洗澡的过程，观察别人的身体、说出身体部位的名称、表露对身体的喜欢和厌恶等都可以成为很好的性教育内容。

尤其在与家人们一起洗澡的过程中，孩子们会见到父母或兄弟姐妹的生殖器，并得知男人的生殖器和女人的生殖器不同的事实。另外，孩子会通过自己身体与父母身体的对比，得知体毛的存在。

因此，我建议爸爸们可以从女儿一出生开始就经常与她一起洗澡。如果工作太忙，也可以利用周末的时间做这件事。如此一来，爸爸就可以很自然地对女儿进行身体教育了。

然而随着时间的流逝，总有一天爸爸和女儿要分开洗澡。每个家庭各有自己的洗澡文化，所以具体时期可能有所不同，但大致上，孩子五岁之后就要与大人分开洗澡。

　　尤其是，若爸爸和女儿之间有一方觉得不方便或感到尴尬就要马上分开洗澡。例如孩子不同于往日，用一种好奇的眼神打量爸爸的身体，这就意味着对于爸爸的身体，女儿有性方面的意识。遇到这种情况时，爸爸只需与妈妈商量，让妈妈负责给女儿洗澡就可以了。

　　届时，我们可以告诉她说："分开洗澡是因为尊重你的身体。"如此一来，孩子就会渐渐理解父母的意图，同时也会知道自己的身体很珍贵的道理。

　　不过，也有一些时候，孩子死活不愿意跟爸爸分开洗澡。这时，我们则可以采用爸爸穿着内衣给孩子洗澡，或者爸爸妈妈一起给孩子洗澡等方式，让孩子有一个过渡的阶段。

　　另外，我还想提醒大家一点有关身体暴露的问题。有些人很喜欢在家中裸身或者只穿着贴身衣物待着。想来，这样的人多半都是爸爸。如果其他家庭成员对这样的行为没有任何反感倒也无关紧要，但若是给某个人带来不快，那么大家就要举行家庭会议，让那个人穿上衣服。这等于是给孩子传达一种信息：即使是自己的身体，也不可以因暴露的问题而给别人带来不便。

女儿的性教育 10
如果孩子对异性朋友产生好感，该怎么办？

孩子到了 5—6 岁时，就会慢慢对异性朋友产生好感。她们常常会说"我们班里 × × 长得最帅"或"以后，我要嫁给 × ×"。

这个时期的孩子有这种表现是一种很正常的现象。但是身为父母，大家需要确认一下孩子如何向对方表达自己的情感及如何接受对方的反应等问题。

对于孩子自身的感情和孩子表现出来的行为，我们可以询问："你喜欢他什么？""你会怎么向他表达自己喜欢的感情？""你有没有和他拉手？"另外，我们也可以询问孩子对方的反应和行为："他也喜欢你吗？""他会怎么向你表达喜欢的感情？""他有没有让你帮他做什么？"

倘若只是自家的孩子或别人家的孩子单方面地喜欢对方，或者打着喜欢对方的借口去要求对方做自己不愿意做的事情，我们就必须对孩子进行指导。例如在明确表示不愿意的情况下，强行亲吻对方等行为，哪怕只是孩子之间的打闹也俨然属于暴力行为。

　　拥有女儿的父母们通常很担心，自己的孩子遭遇这种事情该怎么办。可父母同样要将自己的孩子强迫别人的可能性考虑进去。父母可以先让孩子了解对方的喜好，然后去迎合这个喜好。若是发现这样也无法改变对方的态度，那就要教导孩子不要继续缠着对方，即要让孩子明白，即使她再喜欢对方，但若是对方不回应自己，那就应该尊重对方的判断。反之，别人家的孩子喜欢自家孩子时也是相同的道理。喜欢不意味着什么都要迁就对方。如果是一个在家受过自主决定权训练的孩子，那么在对方想要强行亲吻自己时，她就会想"咦？妈妈吻我时都要提前询问一下，但他怎么连问都不问我一下就要吻我"，然后拒绝对方说"不要"。即使之前对对方抱有好感，对于这样的行为，她也会产生抗拒的心理。

　　无论是自家的孩子，还是别人家的孩子，若是有一方抗拒身体上的接触，就不能让他们继续做出强迫对方的行为。如果自家的孩子做出这样的行为，家长就要检讨一下是不是自己的家庭文化出现了问题；如果是别人家的孩子做出这种行为，家长就要将情况汇报给托儿所或幼儿园的老师，同时让孩子的家长了解到自家孩子的情况。须知，即使是孩子之间，也是有可能发生性骚扰的。若是情况严重，我们就有必要找心理医生给孩子进行辅导了。

　　我们绝不能因它是孩子之间的事情就放任不管。也许，很多人会说"小时候都那样""这是孩子们都会经历到的事情",然而并非所有这个年龄段的孩子都是这个样子。至少,接受过相关教育的孩子就不会做出这种行为。

即使是再小的孩子,也有可能会做出过分的行为,如会做出让对方脱裤子给自己看等行为,而且还是躲着大人,偷偷在卫生间等隐蔽的场所进行。他们明知自己的行为是错误的,但由于优先考虑自己的好奇心,所以才会背着大人们做出这种事情。而这种事情往往就是走向性犯罪的开端。

更令人惋惜的是,一些孩子在遭遇同龄孩子的性骚扰之后,因害怕被责骂而不敢告诉父母,从而导致再次遭遇相同的事情。而这些被害者当中多数都是女孩。如果遭遇这种事情的是接受过正确性教育的孩子,那么她绝对会第一时间将自己的遭遇告诉父母。

庆幸的是她们还很小,即使犯了错,只要大人们告诉她们其中的利害关系,再进行心理辅导就能及时改正过来。不过正因为如此,大人们才应该更关注孩子们平时的举动。

女儿的性教育 11
爸爸也要参与女儿的性教育

儿子和女儿的性教育是否应该由爸爸和妈妈分开负责呢？至少我并没有这么做。正如大家所知道的那样，我身为单亲妈妈，儿子从小由我一个人带大，因此儿子的性教育任务自然也只能由我来承担。

同样，曾经有一位爸爸向我咨询该如何做女儿的性教育的问题。由于以往女儿的性教育都是由妈妈负责，所以身为爸爸的他自然感到非常为难。

通过实践，我发现妈妈给儿子做性教育反而存在很多优势。由于我本身就是女人，因此对于与女人相关的事情，我能够更加仔细地告诉儿子，如对女人的身体、女人的心理等的解释。当然，妈妈给儿子做性教育也存在很多局限性。有一次，儿子就告诉我说，他很想知道无伤刮胡子的方法，但由于没有爸爸，他只能询问其他同学。当时听到儿子说的话，我感到非常心疼。

但这样的情况只占据很少的一部分。至少在大框架方面，我作为妈妈给儿子做性教育还是很成功的。不过，这并非因为我是孩子的妈妈，而是因为我知道什么是正确的性教育。大家要记住，性教育并非单纯地传授性知识，而是有着更大的意义。我再次强调一下这个观点：那就是性教育并非单纯地传授性知识，而是教导孩子该以何种态度、何种思想面对人生的过程。

　　总之，妈妈教有妈妈教的好处，爸爸教有爸爸教的好处，但哪怕漏掉一些细微的知识或技巧也无关紧要。因为女儿性教育的核心并不是那些知识或技巧，而是主体性和勇气。但无论是爸爸教女儿，还是妈妈教女儿，重要的是一定要教会她这个核心内容。至于其他内容，则完全可以通过书籍和影像资料解决。

　　性教育是需要抚养人共同承担的责任，而并非爸爸或妈妈一个人的义务。如果是双亲家庭，爸爸妈妈必须都参与到孩子的性教育当中。只有这样，爸爸才能深入了解身为女性的女儿的世界，同时建立与女儿的信任关系。

　　这一点即使是在全职妈妈的家庭也不例外。爸爸不应该有妈妈自己就能解决的心理。相反，由于爸爸跟孩子在一起的时间比较少，所以更应该关注孩子的性教育。

　　一直以来，我们的社会歧视女性的现象司空见惯，而到了如今，对歧视女性行为的抗争，渐渐扩大为对男性的歧视。不得不说这是一件很遗憾的事情。我认为导致这种歧视现象出现的根源是对异性的不理解。因此，若不是单亲家庭等不得已的情况，爸爸妈妈都应该参与到孩子的性教育过程当中。只有这样，儿子或女儿才能对异性的性了解得更加清楚。

女儿的性教育 12
当你担心孩子有性别认同障碍时

倘若女儿只喜欢穿裤子和衬衫，又或是坚持留短头发，不喜欢跟女孩一起玩，而是喜欢跟男孩一起玩，那么父母就有可能会想："我不能将女儿养成假小子。"甚至，情况严重时，父母还会担心："我的女儿是不是不认同自己的性别？"于是，有些父母为了矫正女儿的这种倾向，就强迫女儿穿连衣裙或给她的头发上戴蝴蝶结。

对于这种情况，我们认为父母没必要过于担心。另外，"矫正"孩子倾向的行为也是不可取的。女孩就应该玩娃娃玩具，而男孩就应该玩玩具机器人或玩具枪，否则就存在性别认同障碍，这样的思想无疑是一种偏见。这种偏见会限制孩子大脑的均衡发育，降低孩子的创意性，同时对孩子确立社会性产生不利影响。

人天生就带有一些男性化倾向和女性化倾向。事实上，我更愿意将它们称之为阴柔倾向和阳刚倾向。然而大人们往往会根据孩子的性别，只教育他们其中一种倾向。

我认为游戏不应该区分为男孩的游戏和女孩的游戏。无论是男孩或女孩，他们都可以玩娃娃、机器人、过家家、战争游戏等游戏。因此，只有这样培养出来的孩子才会均衡地具备两种倾向，而这不但有利于他们日后的社会生活，还能让他们更加妥善地处理周边的人际关系。

我能了解父母们的担忧。父母们担心的无非是周围人戴着"怎么把女儿养成那副德行"的有色眼镜看自己。不过，若换作是我，我肯定会询问孩子："你为什么讨厌穿裙子？你为什么想穿裤子？"另外，孩子的这种行为多半是出于某种经历或困扰，所以我还会问她"是谁捉弄你了吗""是谁告诉你要这么穿的"等问题，即通过与孩子的对话，聆听她们要这么做的理由。若是孩子所说的理由很合理，我认为父母应该尊重她们的意见。

其实，这个年龄段的孩子什么都不懂，因此喜欢穿连衣裙可能也没什么特别的理由，或者，有可能是天生就具备更多阳刚倾向。若是放到过去，拥有这种性情的女性多半会受到排挤。不过，到了如今，一个人无论是拥有阳刚倾向，还是拥有阴柔倾向，都不是什么大问题。只要她能了解自己的倾向，同时能够将它发挥出来，就能过上幸福的生活。因此父母没必要自己胡乱猜测，或根据自己的判断试图矫正孩子。

女儿的性教育 13
告诉孩子同性恋也需要尊重

相比过去，如今同性恋已经成为人们口中的热门话题，就连孩子们也会自然而然地接触到这个词汇。然而当孩子询问父母有关同性恋的问题时，父母们往往会感到很为难，不知道该怎么回答。因为父母对同性恋也很陌生，同时带有一定的反感看法。

以前，我也对同性恋抱有反感看法。但是随着聆听同性恋者们的故事和看了一些相关文章后，我渐渐改变了自己的心态。事实上，该怎样看待同性恋，就是会不会"尊重"别人的问题。

首先，我们得承认，同性恋也和异性恋一样，是人类情感的一种形态。至于究竟爱谁、选择什么样的性行为并不是别人所能干涉的问题。因此，在对他们一无所知的情况下，误解他们、不信任他们是不对的。另外，同性恋也只是生活形态的一种，而不是病态或变态的行为，因此不应该受到人们的批判或成为人们厌恶的对象。

同性恋者同样有权利享受正常的生活，过上幸福的人生。成为同性恋者并不意味着人生就是失败的。

关于同性恋的问题，我们能想到的有两种可能性：

一种可能性是孩子确实是同性恋者。曾经我遇到的一个男孩告诉我，他自己就是先有"我为什么不像其他男孩一样对女孩感兴趣，反而会对男孩心动呢"的感觉，然后才渐渐认清自己的性别取向。起初，这个孩子也以为"这只是青春期的躁动，马上就会过去"，但后来又不安地想到"如果我是同性恋者该怎么办"。倘若遇到这种情况，孩子一个人是很难克服的，因此必须要有来自父母、心理医生、学校老师和朋友及社会的理解和帮助。

可是当真正得知这一情况后，父母们的第一反应通常是惊慌和生气。甚至，他们会自责是不是自己的教育方式不对，才导致孩子变成这个样子。然而父母不知道的是，只有他们先体谅孩子，孩子才能克服来自别人的批判和轻视，即父母要和孩子一起努力，以免孩子因同性恋者的身份而受到不公平的待遇和伤害。

还有一种可能性是孩子受到来自同性恋者的伤害。不过，这其实是一种偏见，很多人会毫无缘由地对同性恋者抱有恐惧心理。女人害怕"蕾丝边"接近自己，而男人也害怕"基佬"看上自己。若是同性恋者们听到这样的话肯定会大喊冤枉。因为同性恋者只会选择同性恋者作为自己的恋爱对象。正如异性恋者的我不会对女人产生感情，同性恋者同样也不会对异性恋者产生兴趣。

很多人认为同性恋者是滥交的，但事实上，这只是个别情况；

相比之下，包括性交易等异性恋者性生活混乱的情况却司空见惯。所以说，这其实并不是同性恋者或异性恋者的问题，而是相关个人人品的问题。大部分同性恋者都与异性恋者一样，希望能够找到自己心仪的对象，并维持长久的恋爱关系。

如果某个同性恋者不顾对方的反对，执意想要与对方进行性接触，那只能说明这名同性恋者不懂得尊重对方，而并非同性恋者都是如此。无论是同性恋者还是异性恋者，一切没有建立在尊重基础上的性接触均属于暴力行为。

作为父母，我们应该通过询问孩子，确认他对同性恋的理解程度及看待同性恋的态度。如果孩子像其他人一样对同性恋者抱有偏见，我们则需要告诉他们同性恋者同样需要尊重的观点。

事实上，相比担心孩子会受到来自同性恋者伤害的问题，我认为父母更应该担心孩子的偏见会不会给同性恋者们造成伤害。事实上，很多孩子都会在不知不觉中受到别人影响从而对同性恋产生歧视的情绪，进而毫无顾忌地说出侮辱同性恋者的言语。因此，我们应该让孩子从小认识到同性恋者同样需要尊重的道理。

女儿的性教育 14
父母发生性关系时被孩子撞见该怎么办？

首先，父母发生性关系时被孩子撞见，从侧面说明父母太过疏忽大意了。夫妻发生性关系之前应该先锁好房门才是。

在向我咨询的孩子当中，大部分都是这种情况：孩子晚上醒来找爸爸妈妈，可是想要进入主卧却发现房门锁着。于是，他就走向连接着主卧的阳台。很多公寓里，主卧和次卧的阳台是相连的。可是父母偏偏忘记锁上通往阳台的房门。于是，孩子通过阳台，走进主卧，看到父母发生性关系的场景，这也是父母事先需要注意的部分。

不仅是性关系要避讳，避孕套、成人用品等东西都不应该让孩子见到。发生这样的事情时，父母不应该若无其事地应付过去。因为听不到大人的解释，那它将成为孩子记忆中一段非常不愉快的回忆。孩子会认为，这是爸爸在欺负妈妈。若是对男女性关系有一定的了解，那她还有可能将性关系视为一种非常恶心的东西。

这时，重要的是要跟孩子进行沟通。家长不应该拉住孩子一味地解释，而是应该先询问一番："你看到什么了？""怎么看到的？""你觉得我们在干什么？"这时，孩子就会按照自己的理解回答说："我看到爸爸妈妈打架了。""我看到你们玩摔跤了。"我们之所以先询问，是为了确认孩子究竟了解多少、他们是怎么理解性关系的问题。

当确定孩子的了解程度之后，我们就可以根据它做出解释了。不过，我们只需解释孩子能够理解的部分即可。例如告诉她："妈妈和爸爸是夫妻，刚才那是爸爸妈妈在玩相亲相爱的游戏。夫妻们都会以这样的方式表达自己的爱意。"然后，正如之前提到的那样，我们可以利用积木玩具来进行具体的解说。

另外，不要忘了给孩子道歉："这种行为本来是不能让别人看到的。你看到完全是因为爸爸妈妈没注意的关系，所以爸爸妈妈要给你道歉。对不起。"

这时，父母的行为不能让孩子产生"你们在感到害羞"的感觉。因为这样会让孩子误以为父母犯错了。只有父母表现得足够坦然，事情才更容易解决。

女儿的性教育 15
寻找新的与性别敏感性有关的故事

当今时代，我们所需的新的性教育必须以性别教育为前提。正如在讲述女儿性教育原则的第一部分中所说的那样，我始终认为性教育即性别教育，而性别教育即性教育。

很多人会想：我看这本书就是因为不知道该怎么给孩子做性教育，可你居然又让我给孩子做性别教育？对于有这种烦恼的父母，我建议找几篇"合适"的故事看一看。故事中登场的人物要拥有属于自己的感情和逻辑，故事情节也要有起承转合，漫画书、童话书、电视连续剧、电影等都可以作为选择的对象。

至今为止，女儿们接触过的那些所谓的知名故事大都缺少性别敏感性。例如世人皆知的灰姑娘和白雪公主的故事就是如此。从主人公的行为中，我们可以看到她们非常缺乏主体性。最终，她们都会接受男人的选择，从而过上幸福的生活。大家觉得这些故事中的主人公能够成为当今社会女人们的榜样吗？即使不是这些知名故事，在其他故事中，相比男性角色积极、主动的行为相比，女性角色的行为也普遍较为消极，而且经常只作为边缘人物存在。

庆幸的是最近出现了新的动静。很多作品中都会有更加体现主体性的女性角色出现，而且这种作品无论是评价，还是大众的反应都很不错。看到这里，想必很多父母脑海中就已经浮现出了好几部作品。

另外，父母们也可以成为故事的创作者。我并非让大家构思出新的故事，而是重新解释原有的故事给孩子们听，或者跟孩子一起进行讨论。

不久前，我看到有人对古典神话《仙女和樵夫》进行了另类解释。另外，有人曾在公开场合说道："上小学的时候，我一直觉得樵夫很可怜。但如果转换角度，从仙女的立场、孩子的立场、仙女父母的立场来说，樵夫是一个不折不扣的性犯罪分子和绑架犯。"大家觉得如何？倘若以女性主体性为基准，你们对樵夫的看法是不是发生了转变？父母完全可以在跟孩子一起看《仙女和樵夫》这本书时，将故事稍微改编一下说给孩子听。另外，父母也可以询问孩子"你认为仙女会不会感激樵夫做的事情"等问题，引导孩子转换思维理解故事情节。

若是父母成为故事的创作者，则完全可以灵活地改编故事。相信对于孩子和父母来说，这都会是一段有趣、难忘的经历。

3

性教育会拉近父母和孩子之间的距离

青春期的 14 种性教育

相较于成绩下滑，向父母隐瞒自己恋爱的事情其实更糟糕。若是父母以学习成绩下滑为由阻挠孩子谈恋爱，那孩子多半会瞒着父母偷偷谈恋爱。只要孩子有这个心思，父母是完全无力阻止她们的。然而，越是这样偷偷恋爱，越有可能因恋爱而出事。

♀

不畏不缩
直面女儿的
性教育

女儿的性教育 16
该从什么时候开始进行第二性征教育？

在性教育过程中，我们之所以要重视青春期，是因为有第二性征的存在。第二性征会让孩子的身体渐渐转变为成人的身体。在这一阶段，无论是身体上还是心理上，他们都要面对"性的存在"的自我。比如在身体方面，他们的生殖腺会受到刺激，因此男孩的身体会加速分泌睾丸素，而女孩的身体则会加速分泌雌性激素。在这个时期，他们渐渐开始具备成为男人和女人的条件：男孩会射精、遗精，而女孩则会迎来月经。另外，在精神方面，由于大脑各部位发育程度不均衡的关系，他们还会呈现出情绪不稳定的症状。

然而，若是等第二性征开始之后再给孩子传授第二性征知识，未免显得有些迟了。因为第二性征会导致很多身体上的变化，而这样的情况会给孩子带来很大的压力，因此父母理应提前告知孩子这些情况，好让他们做好心理上的准备。

虽说因人而异，但绝大多数孩子都会在小学高年级时开始出现第二性征。因此，父母们应该提前一两年告诉孩子一些与第二性征相关的知识。就我而言，我是在儿子上小学二三年级的时候给他讲解第二性征的。我告诉他什么是遗精、什么是射精等内容。另外，如果孩子向我提问，我则会说得更加详细。而女孩的第二性征要比男孩更早，所以父母应该提前注意孩子的情况。

这个时期最重要的无疑是让孩子以积极、自然的心态迎接第二性征。假如我们打算给孩子解释胸部会隆起的情况，但胸部小的孩子会苦恼："为什么我的胸这么小，显得没有女人味？"而胸部大的孩子则会苦恼："为什么我的胸这么大，显得这么笨拙？"我们要告诉孩子胸部的大小不重要，无论大小都要爱惜自己身体的道理。

另外，我们还得让她们建立对身体负责的心态。在我的前一本有关儿子性教育的书中，我曾说过所谓的对勃起"负责的心态"指的是遵守"勃起礼仪"。例如在与别人一起时勃起，我们就要努力让它恢复到勃起前的状态。然而女儿的"负责的心态"则有些不同。因为相比男性，女性对于性的礼仪则遵守得过于严谨。

我们需要教导女儿遵守的"负责的心态"是指照顾好自己的身体健康。为了好看，忍着不便穿戴过于紧绷的矫正内衣；或者顾及别人的看法，而远离妇产科等都是不可取的行为。

事实上，近几年幼儿园和小学对孩子们进行性教育的时间大大提前，因此孩子们大都对第二性征的情况相当了解。然而这并不意味着父母的责任就减少了。不同于幼儿园和小学中进行的性教育，只有父母在家对孩子讲解第二性征的内容，孩子才能在迎接第二性征时坦然地将身心变化和心中的烦恼讲述给父母听。

　　大家一定要记住：在孩子慢慢长大的过程中，父母始终是孩子性教育的第一责任人。

女儿的性教育 17
不能因为觉得晚了
就放弃孩子的性教育

先前我就说过女儿性教育的核心在于主体性，同时性教育并非单纯地传授性知识，而是要向孩子们展开主体性教育和性别教育。我之所以在第一部分讲述青春期之前的性教育，也是为了让她们从小养成自己决定自己身体的习惯。

相信本书的读者当中有很多都是拥有面临第二性征期女儿的父母。这些父母在看到本书的开头时或许会疑惑地说："什么？性教育要从孩子生下的那一刻开始做起？那我家孩子岂不是大大落后于别人家的孩子？这可如何是好？"

没错，你的孩子已经比别人晚了一步。尤其，女孩的第二性征出现时间比男孩早，甚至比当初父母们来第二性征的时间还早。因此，很有可能父母尚未考虑到这个问题的时候，女儿就已经迎来了第二性征。例如父母只是像往常一样用力抱了抱女儿，但正处于胸部隆起阶段的女儿，她们很可能希望父母能轻轻地抱自己。因为太用力会让女儿的胸部受到挤压而感到疼痛。

然而当你觉得已经晚了的时候，其实就是最好的时机。虽然有点儿落后于人，但也没有到完全放弃的时候，毕竟孩子尚未成年。觉得晚了的父母更应知道问题的重要性，并尽快对孩子展开性教育。

解决问题的方法永远只有一个，那就是沟通。更何况现在的孩子已经完全能够听懂大人的话，所以沟通就显得更加有必要。你可以先询问孩子在学校接受过什么样的性教育，然后不动声色地询问她有什么感受。另外，你也可以询问女儿同学们的反应。因为在青春期，朋友所带来的影响比任何时候都要大。

进入青春期后，孩子能够与父母一同观看的电影和电视连续剧的范畴也变得更广。这时，我们就可以灵活运用性教育过程中占据重要比重的多媒体教育了。"你看那个主人公，虽然说是在搞暧昧，但怎么能这样处理这件事情呢？"对于性别敏感性的问题，父母完全可以以这样的方式引导与孩子的对话。

不过，需要注意的是，假如这个时期父母突然开始对女儿的性教育产生兴趣，那么很有可能他们本人也存在一定问题，如对性知识了解不足、拥有歪曲的性别敏感性，等等。因此，在给孩子做性教育之前，父母应该先通过阅读相关书籍、观看性教育节目等方式来改变自己。而看到父母这种努力的态度，孩子们自然而然就会效仿父母的行为。

女儿的性教育 18
培养女儿对初潮的积极意识

正在阅读这本书的妈妈们，还记得当初自己是如何看待初潮的吗？不但学习初潮的时候遮遮掩掩，经历过初潮之后更是紧着捂着、战战兢兢。提及"生理"一词时也是小心翼翼，唯恐被别人听到。

不过，这种情况最近发生了很大的改观。在韩国，女儿来初潮时，家长们还会为她们举办派对进行庆祝。在这个名为"初潮派对"的派对中，有些父母会为女儿们准备蛋糕和蜡烛；而有些父母则会送她们之前一直想要的礼物。另外，也有些父母会给女儿准备生理期的用品，然后给她讲解有关第二性征的注意事项。虽然每个家庭的情况存在一些差异，但"初潮派对"所蕴含的庆祝第二性征的意义却完全相同。

与过去相比，这无疑是一种非常值得期待的变化。因此，我曾在儿子的性教育书中提过给儿子们开这种派对。事实上，当我的儿子第一次射精时，我也给儿子开过派对。

不过，在给一些女孩们做咨询时，我发现很多女孩都是在没有做好准备的情况下迎来初潮的，而且不少女孩都对初潮抱有消极的态度。由此可见，虽然现在出现"初潮派对"等新文化，但我们的社会依然留有不少陈旧观念的残余。

我接触过很多这样的事例。有一天，女孩发现内裤上黏着很多暗红色的东西。大家都知道，这个时候的月经并不是红色的，而是暗红色或深褐色的。可是由于生理课中教的经血颜色是红色的，所以女孩们并没有察觉到这就是初潮，反而疑惑地想"咦？巧克力怎么会黏在内裤上"或"我不会是得痔疮了吧"。直到去医院就诊之后，她们才知道自己来了初潮。

不过，比她们更严重的是对初潮抱有消极意识的孩子们。这些孩子往往都从父母那里听到过这样或那样的否定生理的言论。例如开始生理之后就不会长个子；生理痛严重时还会影响学习；某某人就是因为生理痛才把考试考砸的；开始生理就意味着成为了女人，所以要把握好言行举止的分寸；开始生理就意味着能够怀孕，所以在穿着方面要格外注意……

如果一个女孩平时经常听到这些话，那么当她某一天突然迎来初潮时会是什么样的心情？想必，她们不仅不会感到高兴，反而更希望能隐瞒下去，所以有些孩子才会隐瞒自己初潮的事情，却被父母发现黏有经血的内裤或卫生巾，最终不得不向大人坦白。

就像大家看到的这样，女儿对生理的消极意识完全来自父母，哪怕父母并非有意如此。尤其，由于妈妈对自己的初潮残留着不舒服的记忆，所以明知道不对，但下意识地还会向孩子透露这种消极的情绪。然而父母这种心口不一的表现，孩子往往一眼就能看穿。

　　因此，在为孩子举行"初潮派对"时，父母积极的态度显得尤为重要。对初潮抱有积极意识的孩子们反而会怀着激动的心情期待初潮的来临，即她们会对成为女人的事情抱有很大的期待。而这样的情感与女儿性教育的核心——主体性也有很大的关联。

　　在对初潮的积极意识和消极意识当中，你更愿意为自己的女儿培养何种意识呢？答案自然是积极的意识。事实上，"初潮派对"也只是一种形式而已，其前提必须是树立女儿对初潮的积极意识。

女儿的性教育 19
引导孩子从女性健康的角度保护自己的身体

第二性征的开始意味着身体上将出现巨大的变化。正因为如此，哪怕是从健康的角度出发，我们也要注意很多事情。

对于到妇产科就诊的必要性，我曾在本书第一部分的"原则2"中进行过说明。因此，我将在这里为大家传授寻找适合自己的妇产科的方法。

其实，这种方法也没有什么特别。不同于过去只作为"孕妇专用"的妇产科，如今的大部分妇产科都能为青春期的女孩提供服务。如果实在不放心带着女儿到妇产科就诊，则可以先在网上看看别人第一次去妇产科时的感想，或者通过网络社区获得相关信息。

我想告诉大家的是与其舍近求远，去找那些距离更远、设施更全的妇产科，还不如就近找位于小区附近的普通妇产科。因为只有这样，孩子才会将去妇产科的事情视为日常生活中的一部分，而不是当作特殊的事件来对待。

另外，还有一个主题与第二性征时期的身体健康有关联，那就是卫生巾。

在发达国家，除了一次性卫生巾之外，女性们还会使用月经棉塞、月经杯等多种吸收经血的生理用品。相比之下，我们国家的女性通常只关注卫生巾。具体原因可能是出于将异物放入阴道内的抗拒心理和不安心理。

不过，最近随着女性们开始关注自己的身体，她们对其他用品的抗拒心理也减少了很多。尤其，女性对月经杯的需求大大增多。月经杯的特点是使用环保材料制作而成，同时能够挑选不同的容量和多种款式。

如今，越来越多的女性追求环保产品，以至于市面上出现了很多由环保材料制作出来的卫生巾。甚至，很多女性舍弃一次性卫生巾，转而使用可以循环利用的布料材质的卫生巾。

不过，从女性健康的角度上来说，使用何种生理用品才更贴合自己身体的状况是我们必须要考虑的事情。这一点与女性的主体性也有一些关联。我们也可以从这种角度解释给孩子听。

重要的是，与其总是由妈妈给孩子寻找适合她的生理用品，还不如将机会让给孩子，让她自己去操心这个问题。另外，我还建议妈妈和女儿相互分享自己的生理经验，并一起讨论对各种生理用品的使用心得。

女儿的性教育 20
告诉女儿
有关男性第二性征的知识

在韩国，第一次导入性教育课的时候，很多学校都是先将男女学生隔开，再进行授课的。我说的并不是女子学校和男子学校的情况，而是指在男女共读的小学中，老师会先将男女学生分开，然后才对他们讲性教育知识。通常在女生上性教育课的时候，男生都会被赶到操场上自由活动。

先不说当初的性教育没能摆脱怀孕教育和纯洁教育框架的问题，只是将男生和女生分开这一点就已经决定了这种性教育的局限性，即男生和女生注定无法详细了解对方的身体。

生活中，男性和女性必然会缔结一些关系。这里的"关系"包含着人际关系和性关系。正因为如此，男性和女性才要相互了解对方。

因此，女儿对男性第二性征的了解必须不亚于对自己的第二性征的了解。尤其，男孩们也会因第二性征遭遇不知所措的情绪或经历，所以女孩们要理解这一点。

事实上，在与孩子们接触的过程中，我发现女孩们同样对男孩的身体及同龄男孩们所要经历的变化抱有浓厚的兴趣。她们不仅会关注自己因第二性征引起的身体变化，对于周边男孩的变化，她们同样会抱有浓厚的兴趣。因为她们会询问我很多与这些有关的问题。不过，她们表示虽然可以毫无负担地向我这个性教育讲师提问，但这些问题绝对不敢向父母提及。因为她们害怕被视为"喜欢男孩的女孩"。说来也是，就连向父母询问有关自己身体的问题都感到难为情，更何况是有关男性身体的问题呢。

另外，爸爸或其他男性抚养人在男性的立场上给孩子讲述第二性征的内容，效果也很不错。若是抚养人中没有男性长辈，则可以抱着"一起思考"的心态引导孩子。不过，需要注意的是，虽说给孩子讲解男性第二性征的变化很重要，但更重要的是培养她尊重别人的心态。尤其，当子女是兄妹时，我们可以让他们一起接受性教育。此时，父母则可以营造出与异性一起自然地接受性教育的氛围。

女儿的性教育 21
任何时候，贬低别人的发言都是不可取的

一直以来，韩国社会充斥着贬低女性的言论。"金钱女""妈妈虫"等都是其代表性的用词之一。另外，如"哎，一个女人居然连妆都不化""听说女人从 25 岁开始就会急剧衰老"等针对女性的恶意外貌评价、年龄评价也属于贬低用语。

若是有一两名同学主导这样的氛围，那其他孩子都会不好意思开口反驳，最终与他们"同流合污"。这也从侧面说明了社会中贬损用语泛滥的事实。正因如此，我曾在儿子性教育中提醒过大家要尽量避免孩子们受到这些言语的污染。

事实上，发表贬低女性用语的其实不只是男性，很多女性也会毫无负罪感地对其他女性发表贬低用语。由于生活在充斥着贬低用语的社会中，所以她们在不知不觉中也受到了同化。她们之所以贬

低别的女性，是为了证明"我不是这样的女人"。不得不说这是一件十分令人惋惜的事情。

更何况，最近甚至开始出现相反的趋势。比如一些女性会打着反对歧视女性的借口去贬低男性。除此之外，她们对同性恋者、残疾人士、难民等少数群体也会毫无顾忌地发表贬低用语。

我同样是亲身经历过韩国社会歧视女性的女性之一。我也曾长期受到男性向女性施加的肉体上和精神上的暴力的摧残。我可以理解这些女性之所以会发表贬低男性用语，肯定是因为她们之前受到过某些来自男性的伤害。

但即便如此，我也要小心地发表自己的意见：即使使用贬低用语的主体是社会的受害者，使用贬低用语的行为本身对于解决问题没有丝毫帮助。甚至，这样的行为反而会恶化这种矛盾。

我的孩子也曾受到其他同学使用贬低言论的影响，与他们沆瀣一气。不过每当这些时候，我都会坚决对他说"不可以"。我告诉他，任何时候都不可以对包括女性在内的弱势群体做出贬低对方的言行。起初孩子对于我的劝告并不是很服气，但我还是坚持不懈地开导他、说服他。与儿子沟通的过程很漫长、很艰难，但我始终都没有放弃。后来，孩子考上大学之后，居然自主学习性别知识，最终树立了正确面对贬低和暴力行为的意识。我认为父母们有必要给孩子建立与父母不断沟通，最终使孩子自行领悟对与错的氛围。

如果在青春期受到错误的同龄人文化影响，孩子们便很容易养成对别人发表贬低用语的坏习惯，因此父母需要及时引导她们。另外，父母本身也要多加注意，以免做出贬低别人的言行。

女儿的性教育 22
女儿也会自慰吗？

孩子们的自慰行为都是无师自通的；或者说，孩子本能地就知道什么是自慰。自己摸自己的生殖器，摸着摸着就知道了，哪怕没有人特意去教她。这一点无论是女儿还是儿子都不例外。

一些父母曾问我："女儿们也会自慰吗？"如果问我这个问题的是爸爸，我可能会认为他对女性的身体不是很了解；但关键是偶尔也会有一些妈妈们询问我这样的问题。由此可知，她们对自己的身体也不够了解，而不够了解自己身体的妈妈又如何能做好女儿的性教育呢？

因此，父母需要教孩子的并不是自慰的概念，而是自慰的礼仪。须知，自慰也是有礼仪的。例如只能对自己做；只能在属于自己的空间里做；不要看着成人电影做，而是一边想象一边做，心情好的时候做；心情不好的时候不要做，等等。总之，孩子也要遵守这样的自慰礼仪。

对于儿子，我们不用教他们自慰的方法，只需教导他们自慰的礼仪即可；但对于女儿，则有些不同。我们还需要给她们讲解自慰的方法。因为相比男性的生殖器，女性的生殖器结构更加复杂，更不容易看到，所以需要用更加卫生、更加健康的方法进行自慰。最重要的一点就是自慰之前一定要洗干净手。自慰的方法有很多：例如用手在内裤外面上下搓揉，站着用花洒的水流去冲，在浴缸里接满水后进去做，等等。

妇产科医生们告诉我，偶尔会有一些女孩因自慰时将异物放进阴道拿不出来，最终只能到医院寻求帮助。我猜测她们有可能是在成人电影、成人漫画、网络漫画及各种成人网站等地方看到那种场景之后想要模仿，结果才酿成了这种事故。由此可见，我们很有必要教孩子们学会安全的自慰方法。

在传授自慰礼仪的时候，最好不要总是由父母单方面来讲解。与其父母单方面进行解说，还不如让孩子自己说出来，即要通过与孩子的对话，引导孩子做出回答。

自慰的前提是喜欢自己。若是讨厌自己，自慰也就无从谈起。因为她们会觉得自己的身体是肮脏的、丑陋的。因此，父母要教导孩子用积极的心态去看待自己的身体。

从这种角度来说，自慰还能让自己和别人的性关系变得更加愉悦。因为自慰会让自己知道自己身体中哪个部位最敏感、以何种方式抚摸时心情最愉悦。作为对自己欲望忠实、懂得将它表现出来的女性，自慰会帮助她们描绘出身体的"性地图"。而这会提高她们的主体性。因此，父母也要以积极的态度对待女儿的自慰。

女儿的性教育 23
女儿也会接触成人电影，我们要培养女儿的判断力

　　拥有儿子的父母通常会询问："如果发现儿子看成人电影，我该怎么办？"而拥有女儿的父母的反应却不一样，他们会想："女孩怎么可能会看成人电影？"

　　我们所生活的社会环境决定了孩子们无法完全杜绝接触成人电影，除非是没有电脑、手机及网络，否则很难实现这个愿望。另外，即使孩子不愿意看，浏览网页的时候，总是会有一些网站的窗口自动跳出来，更别提还有周边朋友的影响。总之，因为是女孩，所以不会对成人电影感兴趣的想法是一种偏见。

　　父母首先要承认这样的现实。毕竟，父母无法杜绝孩子接触成人电影。因此，当务之急不是阻拦孩子看成人电影，而是培养孩子的判断力，即就算看成人电影，孩子也能分辨出里面哪些内容是错

误的。这也算是多媒体教育的一种。

当然，这不意味着父母要将自己那个时代的标准套用到孩子身上，教育她们但凡带有黄色性质内容的都是错误的，而是指应该根据具体内容和情节做出判断。暴露画面的多少并非问题的关键。倘若父母的教导方式对性太过严肃，最终只能沦为强调女儿保持贞洁和矜持的教育方式。而这也是一种不符合时代的教育方式。

在我们平时观看的电视连续剧或广告中，就有很多以错误的方式描述男女关系的情节。例如男子霸道地强行抚摸女性的身体，但女性却将它当作男人对自己的爱意；又或者，在非必要的情况下，女子几乎裸露着身体等。然而很多家长丝毫察觉不出其中的不妥。因此，我认为很多父母在教育孩子之前必须先接受相关的多媒体教育。

在与孩子一起观看电视时，父母们可以这样对孩子说："你看看那则广告，现实中的女人绝不会这么做。这些不过是那些公司为了出售自己的商品而弄出来的骗人手段。"另外，我们还要询问孩子看过之后的感觉和感想。这种观看节目之后的交流，就是一种多媒体教育。事实上，我也是这么做的。我们都应该通过这种方式来培养孩子的判断力和评判能力。只有拥有这种能力的孩子在观看成人电影的时候才不会将里面的内容当真，同时会根据自己的基准做出判断。

女儿的性教育 24
如果孩子在自慰或看成人电影时，不慎被我们发现

孩子在进行自慰或看成人电影的时候，偶尔也会被我们发现。最尴尬的情况无疑是被父母抓住现行。例如父母推开房门的时候正好撞见儿子在自慰或在看成人电影。

遇到这种情况，父母往往会感到很尴尬。若是拥有女儿的父母，从来都不认为女儿会自慰或观看成人电影，而在某一刻突然撞见这样的场景，他们或许会更加尴尬，然而最尴尬的无疑是孩子本人。

不过，当场发脾气或责骂孩子不见得是什么好方法。最稳妥的办法是先不做理会，然后等过一段时间，双方尴尬情绪得到缓解之后，再尽快与孩子进行沟通。不与孩子进行沟通，若无其事地放任不管也不是好办法。另外，等待孩子先做出回应也不可取。先让孩

子开口无疑很难，因此只能由父母先行开口。

想要让对话进行得顺畅，最好是父母先给孩子道歉："抱歉！我不应该突然打开房门吓你，我应该先敲门的。"如此一来，孩子也会向你道歉说："没有，是我忘记锁门了。我没想到妈妈会突然闯进来。"这时，你要称赞孩子说："听你这么说，妈妈感到很欣慰。"另外，你也要安慰她说"看来我的女儿已经长大了"，从而认可女儿正在向大人转变的过程。只有家长这么说，孩子才会放下心中的担忧，轻松地与你进行沟通。不过，重要的是在与孩子进行沟通时，父母情绪中不能带有对自慰行为的偏见。

若是之前从未与孩子讨论过与自慰相关的事情，你完全可以将这次的机会利用起来。不过，你也不能强制性地命令孩子该如何如何做。你可以先询问她是从什么时候开始自慰、自慰的感觉如何等问题，然后耐心地聆听孩子的想法，并趁机教导她自慰的礼仪。也就是之前所说的只能在自己的房间里自慰、不要边看成人电影边自慰等。

我的孩子也曾在看成人电影时被我发现。不过，不是被抓住现行，而是他偷偷盗用我的账号和密码浏览成人网站的事情被我发现了。而我同样将这件事情当成了与孩子讨论成人电影和培养孩子判断力的契机。

头一次经历这种事情，父母们难免会感到惊慌，但若是能够好好利用这个机会，说不定就能成为拉近父母与孩子之间距离的绝佳契机。若是父母能够认可和包容孩子自认为丢人的经历，那么孩子也会对父母产生信任和依赖。如此一来，哪怕日后遭到性暴力等难以启齿的事情，她也会如实地告知父母，而不是憋在心里，最终做出极端的选择。

女儿的性教育 25
如果女儿开始谈恋爱

虽说青春期之前也可以谈恋爱，但真正算得上恋爱的其实是进入青春期之后的恋爱。这时期谈恋爱，不但会让她们付出比之前更深的感情，还会伴随一些亲密举动。在这里，我们只讲恋爱本身，至于恋爱期间情侣之间的亲密举动，我会在后面的章节中提及。

很多父母都希望自己的孩子在成年之前不要谈恋爱。尤其，拥有女儿的父母们对于女儿的恋爱则更加保守。父母担心的无疑是害怕谈恋爱会导致学习成绩下滑。

然而，恋爱其实就是青少年们的日常和现实。也就是说，很多青少年都会谈恋爱。走在大街上，我们时常能看到一些穿着校服、牵着手的小情侣，而我们的孩子说不定就是其中之一。

我不是学习专家，所以无法准确地说明恋爱和学习成绩之间的关系。不过，可以确定的是，相较于学习成绩下滑，向父母隐瞒自己恋爱的事情其实更糟糕。若是父母以学习成绩下滑为由阻挠孩子谈恋爱，那孩子多半会瞒着父母偷偷谈恋爱。只要孩子有这个心思，父母是完全无力阻止她们的。然而，越是这样偷偷恋爱，越有可能因恋爱而出事。

若是真的担心谈恋爱会影响学习成绩，父母不妨打开天窗好好跟孩子聊一聊。只要父母将自己的担忧说给孩子听，孩子也会表明自己的决心：比如不会跟女朋友长时间通话、只会跟女朋友在图书馆学习等。

我认为谈恋爱也有很多优点，而且并非只是"恋爱快乐"的层面。恋爱——这种形式的人际关系会使她们重新思考和领悟性别敏感性的概念。例如她们会在与男朋友讨论性别相关问题的过程中进一步得到成长，同时在不知不觉中发现自己对异性抱有偏见的事实。

不过在这个过程中，若是孩子没能找准方向，说不定会遵循以往的性别结构，产生"想要让男孩们喜欢，就得变得更加有女人味"的想法。哪怕是为了阻止孩子被动的恋爱方式，父母平时也要多给孩子进行主体性训练。

另外，父母还要考虑孩子遭到约会暴力的可能性。虽然很令人遗憾，但现实中的确有很多女性在恋爱过程中遭遇过各种约会暴力。这一点就连青春期的孩子们也不例外。约会暴力的范围很广，具体有威胁、恐吓、性骚扰、跟踪、偷拍、数码型性犯罪、绑架、监禁，等等。严重时，约会暴力还会发展为性暴力，甚至是杀人。

父母需要将约会暴力的现实一五一十地告诉孩子。不过，在告诉孩子这些事情时，父母不能吓唬孩子，而是要以一起讨论的心态进行沟通。对于约会暴力，我将在本书第五部分中进行详细说明。

总之，当孩子的第一次恋爱出现问题时，父母们最好能知情。而想要做到这一点，父母和孩子之前就得没有间隙和隔阂，即父母要先成为孩子最信任的恋爱导师。

女儿的性教育 26
如果孩子和男朋友之间有亲密举动

拥有女儿的父母往往对女儿和男朋友之间的亲密举动较为保守。虽说不是要求遵守婚前的纯洁，但很多父母都希望女儿在未成年的时候能够尽量避免与异性做出一些亲密的举动。

然而一味地阻止女儿跟异性发生亲密举动是不现实的。另外，父母为孩子定下跟异性朋友之间的亲密尺度也不见得是什么好方法。即使父母阻止或为孩子定下亲密举动的尺度，孩子也未必会乖乖听从父母的嘱咐。

最好的方法是告诉孩子一个原则，即情侣之间的亲密举动不可以超过双方协商过的、经过对方允许的、自己能够负得起责任的范围。

很多孩子要么是害怕对方离去而无可奈何地接受对方的亲密行为，要么是为了更加亲近对方而强行做出亲密举动，因此父母需要仔细确认，对于身体上的接触，自家的孩子在自己不愿意的时候，是否会明确地跟对方说"NO"，或者会不会真正将对方表示的"NO"当真。

另外，父母还要确认孩子的恋爱对象看待情侣之间亲密举动的态度，而这些都需要通过与孩子的对话进行了解。父母要告诉孩子：就像父母和子女之间需要进行沟通一样，情侣之间也需要不断沟通，交换对亲密举动的意见。倘若从孩子的恋爱对象身上看到危险信号，即看到其对亲密举动的暴力倾向，父母就要多加留意孩子的恋爱情况了。因为它很可能会转变为先前所说的约会暴力。

即使是之前充分接受过性主体性练习的孩子，一旦进入恋爱阶段，也有可能变得手忙脚乱或频频犯错。父母需要观察的就是孩子有没有遭到有违原则的侵犯或做出这样的行为。

当然，最好的方法无疑是孩子主动向父母交代。若是父母平时对孩子的恋爱没有偏见，那孩子多半会主动坦白自己最近的恋爱状况。这时，父母就要询问孩子"你跟那孩子发生亲密举动时有没有产生反感的情绪""你与他有亲密举动时，他有没有对你说'NO'？听到他这么说时，你是怎么做的"等问题，然后根据孩子的回答纠正错误的恋爱方向。

我一向告诉自己的孩子，两人的交往中最重要的就是交心，即交流感情。无论是男人还是女人，亲密的举动都是感情的表现，所以必须是发自肺腑做出来的行为。因此，在做出亲密举动之前，必须要确认自己的内心，即要区分自己是真的喜欢对方才做出这种行为，还是只是单纯出于好奇心理才做出亲密的举动，或者是不喜欢这种亲密举动，但由于害怕对方讨厌自己，而不得不迎合对方。

若只是出于好奇心理，那做出亲密举动时，孩子只会任由对方摆布，而没有自己的想法；反之，若是真心喜欢对方，那她就会专注于自己的感情，甚至是专注于对方的感情。

女儿的性教育 27
如果从孩子的兜里翻出避孕药或避孕套该怎么办？

　　假如你在浏览器搜索栏里打上"青少年避孕药"，你就会发现上面有很多孩子提出的烦恼。其中，还有很多"我是个初中生，想买避孕药，应该到哪里去买"等有关避孕药和避孕套的内容。这说明孩子们对性开窍的时间比父母们预料的还要早。

　　如果从孩子的兜里翻出避孕套，父母多半会感到很荒唐。不过，父母并没有必要太过激动。要知道，若是孩子执意要与异性发生性关系，父母是完全没有能力去阻止的。

　　不过，在没有得到证实的情况下，哪怕从孩子的衣服里翻出了避孕套或避孕药，父母也不能仅凭自己的猜测就下结论，认为孩子与别人发生过性关系。当然，孩子确实有可能与异性发生过性关系，但也有可能只是出于好奇心理才将它们携带在身上。因此，父母最好不要急着教训孩子，而是应该先好好向孩子询问。对于沟通的重要性，我已经强调过很多遍。

如果是认真接受过避孕教育、真正懂得避孕的孩子，我们就应该毫不吝啬地称赞她。因为这说明孩子确实将学习的内容付诸实践了。

此时教育孩子的原则与父母对待成人电影的情况相差不大，即不要想着阻拦孩子，而是应该培养孩子的判断力。其中，最重要的依然是与孩子的沟通。父母应询问孩子，为何携带避孕套、有没有正在交往的男朋友等问题，然后再做出应对。若是孩子回答说有男朋友，父母就应该让她思考一下，双方的关系里是否存在没有获得对方同意的亲密举动，或相互之间有没有欺负对方的情况发生等问题。

搜出避孕药、避孕套的对象是儿子就无伤大雅，搜出避孕套的对象是女儿就是天大的事情，这样的思维其实是错误的。很多父母往往对儿子的性非常宽容，但对女儿的性就非常严格。无论是儿子还是女儿，教育的原则都应该是一样的。

假如从从未与父母一起讨论过避孕知识的孩子身上翻出了避孕套或避孕药，父母可能会感到更加荒唐。不过，没关系。父母只要对女儿展开正确的性教育就可以了。因为这说明孩子在父母疏忽大意的情况下，通过其他路径获得了错误的性知识。遇到这种情况，父母没必要太过激动，只需耐心地通过对话解决问题即可。

女儿的性教育 28
从避孕教育过渡到计划性爱

大家觉得现在的孩子第一次经历性爱是在什么年龄段？ 2016年韩国疾病管理本部进行的"2016年青少年健康形态网络调查"中显示：韩国国内初中、高中学生们第一次接触性爱的平均年龄为13.1岁，而承认与异性发生过性关系的人数占总调查人数的6.3%。尽管很令人惊讶，但这就是当前孩子们的实际情况。

强行让孩子扼制性欲的性教育已经没有任何意义。只有在"同意发生性关系"的前提下，传授孩子安全进行性关系的方法才是有利于现实的教育方法。事实上，在上性教育课的时候，孩子们的提问也是以"口交也会得性病吗""不喜欢用避孕套。难道就没有什么其他避孕办法吗"等询问有关实际性爱过程中可能发生的事情居多。

首要问题无疑是让孩子掌握具体的避孕方法，尤其要掌握避孕套的使用方法。不过，最核心的问题还不是这个，而是在第一次与异性发生性关系之前应先制订一个计划，我称它为"计划性爱"。

现在的情侣很喜欢过纪念日。除了过"恋爱百日"之外，他们还会过"情人节""白色情人节"等节日，甚至还会为此提前制订具体的计划。第一次发生性关系时，最好也要提前制订计划。不过，前提是双方都同意发生性关系。

假如与情侣沟通第一次性爱的事情，即展开一场"性爱对话"时，那他们不可避免地会聊到发生性关系的时间、场所，以及当天该准备的东西等内容。在这个过程中，双方可以相互确认喜欢做的事情和不喜欢做的事情，同时心理上也能有所准备。

很多情侣之间发生的第一次性关系，属于突发性的情况居多。他们没有商量过如何发生第一次关系，只是相互试探的过程中，在一个很突然的时间段和陌生的环境里，没有任何心理预期地发生了性关系。这样的性爱是绝对要避免的。计划性爱才是最好的选择。

制订性爱计划会令人更加慎重地对待性爱。因为在聊性爱准备事项的过程中，双方都会慎重地考虑，对方是否是适合与自己发生性关系的人及双方能否相互享受性爱的问题。另外，计划性爱是一件更加浪漫的事情。这就好比准备旅行的过程比实际旅行时更加激动人心一样。

最后，计划性爱的宗旨是让"第一次性爱"成为情侣双方怀着激动的心情策划的一场"活动"，而不是一个让人不知所措的突发事件。毕竟越是重要的事情就越需要提前准备，不是吗？

女儿的性教育 29
倘若父母和女儿之间存在主体性代沟

我曾在第一部分说过,以主体性为基准,可以将孩子们所处的阶段分为高级阶段、中级阶段及低级阶段。而这些阶段的差距最明显的时期就是青春期。

在这个时期,通常父母自身的主体性意识强,女儿的主体性意识也会很强。至少我很少遇到过主体性意识强的父母们培养出主体性意识弱的女儿的事例。那么,若是父母的主体性意识很弱,女儿又会怎么样呢?女儿的主体性意识也会很弱吗?答案是有些很弱,有些则不然。

拥有青春期孩子的父母们都会有相同的感受,那就是自己的子女不再是曾经那个爱听父母话的孩子了。进入青春期之后,对孩子影响最大的不再是家人,而是同龄的朋友或互联网社区。

于是,在父母尚未意识到女儿的主体性问题时,女儿往往早已培养出了自己的主体性，甚至还将它发展成中级阶段或高级阶段。这可以说是性教育框架发生转变、性别问题成为焦点的过程中产生的一种时代差异，即代沟。而关键是这种时代差异有可能会发展成世代之间的矛盾。

很多父母和孩子向我咨询，就是因为这种矛盾太过严重。父母们会觉得"我原本纯真的女儿怎么变成了这副模样"，同时希望女儿变回原来的样子；而女儿则觉得父母顽固不化，同时希望得到他们的认可。

倘若父母要将自己时代的基准套用到孩子身上，那父母与孩子之间的矛盾将永远无法得到解决。父母要将思维对准孩子们的"眼光"。事实上，这等于是根据时代的变化，调整自己的眼光，即父母要以自己与女儿的矛盾为契机，先一步接受性教育。

很多女儿会特意跑去阅览与性别相关的书籍或聆听相关的讲座。父母们要为这样的女儿感到自豪。在父母未能照料的情况下，自行提高自己的主体性，是一件多么值得称赞的事情。性别平等文化的时代已经来临，父母们也要根据女儿的变化，一起学习性别敏感性。

可以说正在翻看这本书的父母们已经具备了真正想要了解孩子的心态。在此，我要向你们说一声"加油"。

4

正因为是女儿，所以更需要接受性暴力教育

女儿、父母需要知道的 18 件有关性暴力的事项

我认为"Metoo"运动将成为打开崭新时代大门的一把钥匙。从今往后，人们对性暴力的认知将得到强化、受害者将能够发出自己的心声、对性犯罪人的处罚也将加重。哪怕现在无法得到令人满意的结果，至少大体的方向不会改变。

♀

不畏不缩
直面女儿的
性教育

女儿的性教育 30
这是一个新时代

　　若是询问拥有女儿的父母们平时最担心的是什么，他们多半会回答性暴力。当然，男性也有可能成为性暴力的对象，但不可否认的是，女性可能遭遇性暴力的概率相对较大，范围也更广。

　　因此，在性教育过程中，性暴力也是需要重点讲述的部分。这也是我单独将它分离出来，用一个章节的内容进行说明的原因。孩子们需要正确认识性暴力，而父母则要在帮助孩子了解性暴力的同时，防范孩子介入性暴力事件当中。

　　在这之前，我一直强调的概念是主体性。而在这一部分中，我最想强调的是勇气。性暴力是一种给个人留下巨大后遗症的痛苦经历。若是经历这种事情的是年幼的孩子，她的一生则会更加痛苦。因此，在性教育中，与主体性一样需要训练的还有孩子的勇气。这里的勇气指的是能够阻挡、反抗、克服性暴力的勇气，以及能够支持性暴力被害者的勇气。

　　性暴力本身就是一个非常痛苦的主题。哪怕只是联想到自己的孩子成为性暴力事件的当事人，父母们也会感到心如刀割。然而逃避只会让痛苦变得更深。因此，我希望父母们能够认真阅读这一部分的内容。

女儿的性教育 31
性暴力并不是父母可以阻止的问题

看着刚刚出生的女儿的娇嫩脸蛋，父母们往往会生出这样的想法："我的宝贝女儿，爸爸妈妈会守护你一辈子。"若是父母的这种承诺可以将女儿从性暴力的威胁中隔开该有多好？然而这是一种妄想。

或许只有将女儿关在家中，不让她去幼儿园、学校、上班，这一愿望才有可能实现，但这样又成了对女儿的虐待。不过，即使不将女儿绑在家中，相较于男孩，父母往往会更加严厉地管制女儿，如定下回家的时间、不让她穿短裙等。倘若女儿反抗，父母就会说："这都是为了你着想。若是遭遇那种事情，我看你怎么办！"不过，我可以明确地告诉您，这样的方法根本无法保护女儿不受到性暴力的伤害。

由此可见，性暴力是在我们的日常生活中蔓延着的。大部分女性都很清楚，就算躲开偏僻的场所、不穿暴露的衣服、拒绝男性的要求，也不见得能预防性暴力。即使大白天走在马路上、去学校上课的途中、与男朋友一起约会的时候，女性们也有可能会经历性暴力。若说这个世上不存在没有经历过性暴力的女性，也不为过。

尤其现在以非特定人群为对象的性暴力也很猖獗。由于现在的小型摄像头制作得越来越小，所以找出来并不是一件容易的事情。据说，在韩国每年都能在卫生间、宾馆、更衣室、游泳池、学校、医院、办公室、公园、浴池等地方搜出超过 1000 枚小型摄像头。人们通常称这种行为为"偷拍"。但我更希望大家用"非法摄影"或"数码型性犯罪"来称呼它。

不过，我并不是说预防性暴力的工作没有意义。甚至，我还会在这本书中讲述预防性暴力的方法。我只是觉得大家应该舍弃通过预防就能百分百防范性暴力的念头。因为这种想法等于是将性暴力的原因归结于被害者身上，而不是加害者。我们或许可以将他们的想法归纳成一句话："都是你没能好好预防，所以才会遭遇这种事情。"对于我们来说，真正需要的并不是被害者的预防，而是对加害者的防范。对于这部分内容，我将在后面的章节中进行讲述。

总之，我们要承认自己的孩子随时都有可能成为性暴力被害者的事实，同时还要掌握确认孩子遭遇性暴力时的正确应对方法。只有这样，我们才能在遇到这种事情时做出真正对孩子有益的行为。

女儿的性教育 32
女性也有可能成为加害者

性暴力事件中不但有被害者，还有加害者。因此，我们不得不考虑孩子成为加害者的情况，即得考虑我们的孩子对别人施加性暴力的情况。

面对自己的孩子成为性暴力加害者的情况，很多拥有女儿的父母都会惊讶地反问："什么？加害者？我家孩子可是一个女孩。"在他们看来，性暴力只是一种男性向女性施加的犯罪行为。

根据性别，性暴力可以分为四种类型。它们分别是男性对女性施加的性暴力，男性对男性施加的性暴力，女性对男性施加的性暴力，以及女性对女性施加的性暴力。当然，从具体比例上来讲，男性对女性施加的性暴力案例是最多的，但这并不意味着我们就可以忽视女性成为性暴力加害者的情况。事实上，就目前而言，女性成为性暴力加害者的事件举报率正在逐渐增加。

性暴力往往多见于一些权力关系中，例如地位高的人会向地位低的人施加性暴力，力气大的人会向力气小的人施加性暴力。因此，女性也有可能出现于加害者的位置上。

在我的咨询事例当中，曾有一件女上司因在公司内猥亵下属而被举报的事件。据说，这位女上司经常打着增进感情的旗号，接触下属职员们的身体。最终，忍无可忍的下属们决定组团举报上司的行为。而这些下属职员当中不但有男性，还有一些女性。

女性成为加害者的普遍特点是对性暴力被害者进行第二次伤害。所谓的第二次伤害是指人们对被害者实施的责怪、忽视及侮辱行为。若是正在读这本书的读者是一位妈妈或女性，大可回顾一下自己的人生。大家有没有曾在背后议论过性暴力被害者："是不是她（他）先勾引对方的？我看平时两人的关系很好啊！""也不知道害臊，有什么了不起的？"即使是随口说出来的话，也有可能成为性暴力被害者的第二次伤害。现在很多第二次伤害都会发展为举报或上诉。

不只是拥有儿子的父母，拥有女儿的父母更加不愿意承认自己的孩子有可能成为加害者、第二次伤害者及犯罪人的事实。他们通常会说："我们家孩子不是那样的人。"但是父母真的完全了解自己的孩子吗？即使是在父母面前乖巧懂事的孩子，到了外面也有可能成为性暴力加害者。因此，即使是对于女儿，防止成为性暴力加害者的教育也是必不可少的。

女儿的性教育 33
加害者们普遍拥有的错觉

我经常以咨询委员的身份，收到来自法务部或各大企业的委托，对一些青少年性犯罪者进行调查和咨询，因为他们需要义务性地接受一些性暴力预防教育。他们的情况多种多样：有性骚扰者、有猥亵者、有强奸未遂者，甚至还有人戴着电子脚链。

我询问过他们为什么要这么做，而他们大都做出了类似这样的回答：我和那个女孩一起到电影院看电影，结果那个女孩睡着了，还将头枕在我的肩膀上。我以为这个女孩想要和我睡觉。另外，还有人是这么说的：那个女孩用手托着脑袋看着我。我觉得这是女孩在诱惑我，想和我发生关系。

最近，还有一个人是这么告诉我的：我最近开始去教会，可是有一个女孩总是面带微笑地看着我，对我打招呼说"你来啦"。她经常请我喝咖啡。我没去教会的时候，她还会给我发短信说："这周为什么没来啊？下周一定要来哦。"我以为她喜欢我，希望能和我发生一点儿关系。于是，我就告诉他说："她这不是喜欢您，而是在对您传教。我看到您来咨询，不也会给您倒咖啡吗？您没来的时候，我也会发短信叮嘱您下次一定要来。另外，我跟您聊天的时候也会经常微笑啊。难道这就意味着我喜欢您吗？"

听到这样的故事，您会不会感到很荒唐？可是我遇到的性犯罪人当中，大多数都抱有这样的想法。我们的社会中有多少性犯罪者？里面又有多少仍逍遥法外？这些人都是根据自己的基准，将别人的话和行为进行性方面的曲解、扩大及自行定义，以至于陷入幻想当中，最终犯下了无法挽回的罪行。

关键是有太多的人同情这些性犯罪者。他们会觉得："肯定是被害者给了他一些暗示，不然他怎么可能强行做出这样的事情来？"尽管可能存在一些差异，但这种心理和性犯罪者们所拥有的错觉没什么两样，而且他们的行为无异于对被害者施加第二次伤害。虽然我将它比作加害者的错觉，但事实上这等于我们社会的错觉。

性相关意向不应该通过自己的猜测进行判断，而是必须获得对方的同意。我们只有提出寻求同意的询问，并获得"YES"的回答之后才能进行下一步行为。

总之，拥有性主体性的女性从来不会认同加害者的这种错觉，而且也不会认为自己为对方的犯罪行为留下了一些余地。相反，她会做出判断说："我没有同意，所以这就是性暴力。"另外，这样的女性也不会同情加害者，也不会对被害者施加第二次伤害。因此，性主体性对于女儿来说是必不可少的。

女儿的性教育 34
从"感觉训练"开始教起

一开始就为孩子解释性暴力的概念很难，所以我建议孩子的父母们最好从"感觉训练"开始教起。"感觉训练"是指一种不断询问孩子感觉是好是坏的对话方法。在进行感觉训练时，我们可以教孩子在感觉不好的时候应对的方法。

我之所以强调感觉训练，是因为孩子不懂得分辨好人和坏人，更无法区分对方行为的好坏。不过，她们至少知道自己有什么感觉，因为那是她自己的感觉。

另外，在父母与孩子有身体接触时，父母询问孩子"要不要妈妈抱你""要不要爸爸亲你"等问题的行为也是与感觉训练有着极大关联的。因为在这个过程中，孩子会根据父母的询问不断思考自己当前是什么感受。

在法庭上，对性暴力事件进行审判的时候，法官也会经常询问受害儿童当时的感受。虽然不去法庭才是最好的结果，但我还是认为父母有必要了解这一点。

接下来，我就给大家详细讲一下进行感受训练的具体方法。在韩国，《波鲁鲁》是孩子最喜欢观看的动画片之一。而父母在和孩子一起看完《波鲁鲁》之后，就可以问问她"你觉得现在波鲁鲁的心情是好是坏""换成是你，心情会怎么样"等问题。之后，你还可以以"所以波鲁鲁是怎么做的""换成是你，你又会怎么做"的方式与孩子展开对话。

事实上，这种对话方式在观看任何节目时都行得通。我们假设在看《蜡笔小新》。事实上，在动画片中，小新经常会做出一些与性有关的无礼举动。这时，我们就可以以"你觉得小新这么做，家人们会喜欢吗""你觉得像小新这样的孩子能够交到女朋友吗"等方式展开对话。即使观看的不是少儿节目，而是电视连续剧、电视广告，甚至是漫画书，我们也可以用这种方式与孩子进行对话。因此，我们应该尽可能利用一切机会对孩子进行感觉训练。

不过，想要对孩子提这些问题，父母就必须掌握节目情节的基本脉络。因此，父母必须陪着孩子一起观看，而不是让孩子自己观看，然后询问问题。例如在电视连续剧中，男主人公强行拥抱了女主人公。孩子看到这个画面时有可能会回答说"两个人相互喜欢，所以才抱在一起"。毕竟画面中想要刻画的就是这种情节。但遇到这种情况时，父母就必须告诉孩子这么做为什么是错误的。这时最重要的是父母要以剧情的脉络为出发点进行解释，即不能局限于一个场景，而是以剧中人物的感觉、决策、主张等各种脉络为依据，父母和孩子一起展开交流。

女儿的性教育 35
"你不要……"的表达方式并不准确

不仅在性教育过程中，就算是在平常教育孩子的时候，我们最好也使用"我们应该……"的表达方式，而不是使用"你不要……"的表达方式。即要使用一种肯定模式的教育方式。

我们可以以路遇消防车为例进行教育解释。我们可以对比一下，消防车想要通过，但被其他车辆堵住路口，父母看到后对孩子说"我们不可以这样"的教育方式；而另一个，看到消防车经过时其他车辆主动避让的场景，父母对孩子说"我们就应该这么做"的教育方式，你觉得哪一种方式更有效？答案自然是后者。

父母们经常对自己的孩子说"不要跟着陌生人走""不要去危险的场所""不要太晚回家"。不过，最好的方法其实是告诉孩子遇到那种情形时应该怎样应对。

单单以"谁把手伸进你衣服里，你就要大声叫嚷"等为标准的教育程度是不够的。除了口头上的说明之外，最好假设具体的情景，再进行应付这种情况的训练。这与学校组织的火灾应急训练一样，都属于一种角色扮演游戏。

妈妈：好，现在假设妈妈是一位陌生的叔叔。

孩子：嗯。

妈妈：你现在正在回家，但是突然有一位叔叔走了过来。

孩子：嗯。

妈妈：叔叔会跟你搭话。你是不是住在这个小区呀？我去一个地方不知道该怎么走，你能帮帮我吗？

孩子：您还是问问大人吧。

妈妈：叔叔太着急了，你快帮帮我。（急忙拉住孩子的手）

孩子：不要！不可以！然后，我就快速逃跑。

妈妈：做得很好。回家之后，你该干什么？

孩子：跟妈妈说刚才遇到的事情。

妈妈：没错。做得很好。

爸爸：如果在商店里买到心仪的东西，结算时你该怎么办？

孩子：给老板钱。

爸爸：你正打算给他钱，这时商店老板对你说："哎哟，你长得真可爱，过来坐我腿上好不好？"

孩子：不，我不要。

爸爸：哎，别这么小气嘛……（说着便想要抱孩子）

孩子：不要！（逃跑）

爸爸：很好。就应该这么做。你做得很不错。

　　这些只是简单的事例，当然可以根据孩子的反应，设置各种场景。事实上，孩子也有可能犹豫地说"我不知道该怎么办"；或者做出"我就给他坐一会儿"等错误的回答。不过，即便这样，父母也不能责骂她，而是要耐心地给她解释，引导她做出正确的行为。

　　除了上述情况之外，父母和孩子也可以出演其他情况。例如对于无法叫喊的情况下该怎么办、跟朋友在一起时该怎么办等情况，都可以进行假设。另外，不要忘了询问孩子的想法。

女儿的性教育 36
要小心陌生人？
不，认识的人更危险

　　提到性暴力，大家都会联想起什么场景？想必大家都会联想到在僻静的地方被一个陌生人欺负的场景。

　　当然，这样的情况确实很多。然而，官方统计资料显示的结果却让人大感意外。因为更多的性暴力是来自邻居、朋友等周边的熟人。熟人施加的性暴力多半是依赖年龄、地位等自己所拥有的权威。

　　尤其在家庭内部发生的性暴力，我们称之为家庭性暴力。由于生活在同一个空间里或需要经常见面，所以其伤害并非是一次性的，而是会持续性地发生。它有可能从幼年时期开始延续至青少年时期，甚至是成人时期，因此被害者的心中往往充满了背叛感、报复心理、疏离感等纠结的情绪。另外，在身体上、心理上、社会生活方面，她们还会遭到更加严重的后遗症和内心的折磨。

　　你是不是在想："怎么可以对家人实施性暴力呢？莫非他们是一些拥有特殊变态性倾向的精神病患者？"事实上，这些加害者们在外面都是一些公司职员、公务员等拥有平凡职业、精神非常正常的人。甚至，他们当中很多都是高学历者和高收入的中产阶层。他们之所以会这么做，并不是因为精神上有问题，而是他们拥有一种想要利用自己的权威轻松解决自己性欲的错误认知。

　　如果分析现实中的性暴力事件，我们就会发现其中大部分都与加害者和被害者之间的权力关系有着很大的关联。例如，我们可以从男性和女性、年长者和年幼者、上司和手下职工、正常人和障碍人士、国内人和国外打工者之间的关系中，观察究竟是谁在向谁实施性暴力。如此一来，我们可以很清楚地了解到权力和性暴力之间的关系。

　　就像这样，来自熟人的性暴力更难透露给别人，而加害者同样会利用这一点，如"你告诉别人，我们的家就会支离破碎"等方式来威胁被害者。因此，被害者非常需要一个能在任何时候都相信自己、包容自己的人陪伴在身边。而父母需要让孩子相信自己就是那样的存在，同时让她知道除了你之外，她还可以向心理医生或相关团体寻求帮助，即我们不能强调一定要告知父母，而是要告诉孩子她还可以寻求专家帮忙。

　　我曾经给好几名家族性暴力的被害者做过心理咨询，发现很多妈妈起初不相信自己的女儿，甚至埋怨女儿编谎话欺骗自己，而在事情揭露之后却追悔莫及。事实上，换作别人也很难相信自己的丈夫和亲戚对孩子实施性暴力的事实。而若是她们想要保住家庭的心愿太大，说不定就会做出强制让女儿原谅加害者的错误举措。须知，即使在家庭性暴力事件当中，也不可以改变以被害者为中心的原则。

为了防止来自熟人的性暴力，或为了让孩子尽快将事情真相说出来，父母必须要让孩子意识到，即使是亲近之人也不能未经自己的同意就肆意抚摸自己身体的事实。家人之间做出亲密举动之前需要先询问也是为了应对这种情况。另外，父母要明白需要性教育的并不仅仅是孩子，而是所有的家人。

女儿的性教育 37
重要的是生存本身

最近在韩国，人们开始将性暴力被害者称呼为"生存者"。它意指被害者不仅仅是受到伤害的被动的存在，还是战胜痛苦生存下来的积极的存在。

在我们的社会，人们普遍拥有"如果一个人遭遇性暴力，那她的人生就算是毁了"的意识。而这样的思想反而会让性暴力被害者们变得更加自惭形秽，即被害者会因别人的看法而产生"我的人生完了"的念头，从而陷入恶性循环中难以走出。遭遇性暴力确实是件非常痛苦的事情，但若是自己努力，周围人也能积极地提供一些帮助，那被害者完全可以克服痛苦，回归正常人的生活。

然而在我们的社会中，人们对于帮助被害者转变为生存者的事情太过漠视。不，这已经超过了漠视的程度，反而形成一种指责被害者的格局。而在这样的格局中，哪怕是年纪再小的被害者也无法获得解脱。

最具代表性的例子就是质问被害者为什么没有反抗。然而哪怕平时做过"看到别人想要实施性暴力，你就要大声呼喊"训练的孩子，当真正遇到这种情况时也很难像练习时那样做出反应。大多数情况下，被害者们往往会脑中一片空白、身体变得僵直，就算是大人多半也会束手无策地被侵犯。另外，在某些情况下，大声叫嚷反而会让被害者陷入更危险的境地。事实上，就算是我这种性教育专家在遇到那种情况时也未必能够做出正确的应对。

就连大人都是如此，更何况是孩子呢？但就算如此，我们的社会还会追问年幼的被害者们"你当时为什么没有呼喊，反而乖乖地让他侵犯呢"。如此一来，被害者就会陷入"啊，原来这都是我的错"的自责当中，而变得更加自卑。这无疑是对被害者的二次伤害。

总之，被害者作为生存者而活，并非被害者个人的意志是薄弱还是坚强的问题。任何被害者都不愿意以被害者的身份活着。然而来自社会的强烈指责会使被害者变得越发自卑。哪怕是意志再强的被害者，撞上社会这道坚固的墙壁，都会受到很大的打击。我见过太多这样的事例。因此，我很想说："最初制造伤害的是加害者，但杀死被害者的却是我们的社会。"我们要极力阻止用嘴巴杀死被害者，或者对被害者见死不救的事情发生。这也是我们需要接受性教育的理由之一。

每当遇到性暴力被害者时，我都会对他们说："活着就是最值得庆幸的事情。当一个人遭遇性暴力时，被害者有没有抵抗、有没有报警，甚至加害者有没有受到惩罚都不重要。最重要、最值得庆贺的是你现在还活着。"我希望我们的社会能够为性暴力被害者转变为生存者的事实喝彩。

女儿的性教育 38
从预防成为被害者的教育转换为防止成为加害者的教育

相信很多人都记得韩国 2008 年的赵斗淳事件。虽然现在称其为赵斗淳事件，但最初的时候，人们其实使用的是被害者的化名，称之为"娜英事件"。后来直到有人提出保护被害者人权的重要性，人们才渐渐将其改称为"赵斗淳事件"。这个事件为韩国人转变视角、开始认真对待性暴力问题提供了一个契机。

在这之前，一直都是被害者引发性暴力的观点占据主导。人们不但没有想着为加害者定罪，反倒死咬着被害者不放。这就使得被害者们举报的比例一直不怎么高，而加害者们也没有产生多少负罪感和悔意。然而，"赵斗淳事件"之后，加害者需要承担所有性暴力责任的观点占据了主导。虽然责怪被害者的观点依然很强，但"赵斗淳事件"依然是一个非常重要的转折点。

总之，随着"赵斗淳"事件的发酵，加害者防止教育的必要性逐渐凸显出来。如"尽量不要一个人乘坐电梯"等都是被害者预防教育。若是将它改为加害者防止教育，那就是"当儿童或女性一个人乘坐电梯时，尽可能让他们先乘坐，而你自己则乘坐下一趟电梯，以免他们产生不安的情绪"。

我再举个例子。假设在深夜，一个女人和一个男人一前一后走在路上。女人感到不安，于是跑了起来，而男人则觉得对方无缘无故将自己当成坏人，因此感到非常冤枉。遇到这样的情况时，最好的处理方法是男人停下脚步，等女人走远了再继续赶路。我们称这样的行为为"距离的尊重"。也就是说，人和人之间要保持一段尊重的距离才够安全。

如果再扩大一下范围，我们还可以联想到否定以男性为中心的性文化方面。在将女性作为性对象化、以男性为中心的性文化中，黄色玩笑、色情电影、性交易等不仅是男性的游戏和快乐，还是获取和强化大男子主义的核心。这种文化会扩大女性对性暴力的恐惧，具体方式为：限制女性的活动领域、约束女性的衣着打扮和言行举止等，即他们不但不会想着改正以往歪曲的性文化，反而会强迫女性小心翼翼地活着。

就像这样，将女性视为工具，同时想要进行支配的以男性为中心的歪曲性文化会通过男性集团的共谋和连带关系一直维持下去。然而只求男性能够觉悟是远远不够的。因为无言地认同歪曲性文化、事不关己保持沉默的女性也等于是在暗中助长这种歪曲性文化的风气。总之，女性要发出自己的声音。

而加害者防止教育可以说是防止这种文化持续再生的一种积极的教育方式。要想真正防止性暴力的发生，这种社会层面的努力必不可少。

在演讲时，有一位现场观众向我提出了这样一个问题："现在的性犯罪判决结果很奇葩。想要避免这种情况的发生应该怎么做？"当时，我是这么回答的："虽说有可能存在很多变数，但重要的是要遇到一个好的加害者。"这句话的意思是假如加害者不承认自己的罪行，还将被害者认定为"花蛇"，或者变本加厉地以损害名誉罪提出反诉，判决的结果就会变得扑朔迷离。这也是我们需要做好加害者预防教育的理由之一。

女儿的性教育 39
男孩欺负人是喜欢她的表现吗？

　　这是某一位妈妈告诉我的事例：有一天，学校来电话告诉妈妈说，她女儿的膝盖受伤了。妈妈心惊胆战地问班主任老师："我们家孩子是怎么受伤的？"班主任老师说："是她的同桌推的她。"妈妈问老师："他为什么要推我女儿？"班主任老师回答说："或许是因为喜欢她吧。"

　　后来，妈妈带着女儿去医院。护士看着女儿的膝盖向她问道："你是怎么受伤的？"女儿回答说："是我的同桌推的我。"护士说："哎呀，看来他是喜欢你啊！"

　　这是多么奇葩的逻辑啊！一个人攻击另一个人使她受伤了，可人们居然会将这解释成"这都是因为喜欢你"。难道喜欢一个人就可以让她受伤吗？什么时候开始，伤害一个人成了喜欢她的表现？关键是除了孩子之间，这种逻辑同样适用于爱人和夫妻之间。难怪社会上约会暴力和夫妻强奸会泛滥。这无疑是给加害者赠送了一枚免死金牌。

我们必须要将喜欢一个人和欺负一个人区分开来。喜欢就是喜欢，欺负就是欺负。男孩欺负女孩被视为喜欢对方，这样的文化完全是由大人们制造出来的。看着大人们的这种反应，加害者会认为"咦？即使我这么做，大人们也不训斥我。看来欺负人也没有关系"；反观，被害者也会认为"啊，原来欺负我就是喜欢我啊"。

这样的逻辑不只适用于孩子身上，还适用于情人之间和夫妻之间。可见约会暴力、夫妻强奸在社会上蔓延也是有原因的。

曾经一度流行的"坏男人风"同样也是在这种错误文化的影响下形成的概念。原本对于坏男人，我们应该远离他们才是，但一些女孩明明将对方定义为坏男人，却偏偏趋之若鹜。正因为女孩们从小将男孩欺负自己的行为当作是喜欢自己，所以长大之后才会对坏男人产生"哇，他真的好 MAN 啊"的想法。甚至，离开一个坏男人之后再投入另一个坏男人怀抱的事情也很常见。这样的女人在遇到男性对自己施加暴力的情况时，不仅不会责怪他，反而会袒护他："他这样对我是因为真心喜欢我。"正因为如此，她们才会丝毫察觉不到自己是被害者的事实。

倘若看到自己的女儿被其他男孩欺负，父母就得想办法让对方给自己的女儿道歉。只有这样，男孩才会意识到暴力是错误的事实，女儿也会明白遭遇暴力之后要让对方向自己道歉的道理。这也算是培养女儿主体性的一种训练方法。

我们要明确一件事情：无论什么情况，暴力始终是暴力，坏男人终归是坏男人。错误的性教育只会培养出没有主体性的迟钝女性，而好的性教育则会培养出懂得反抗性暴力的有主体性的女性。

女儿的性教育 40
改变对性暴力的误解

我们的社会普遍存在不重视性暴力问题的倾向，而加强这种倾向的有几种代表性的误解。这里所说的误解，我们可以理解为偏见或固有观念。在观察下面一些误解的同时，父母们也要确认自己的心中是否存在这样的误解。

误解 1　性暴力只存在于年轻女性身上

也就是说，年轻的女性会以性感的魅力刺激年轻男性的性欲，从而引发性暴力。但事实上，性暴力被害者的年龄段是从四个月大的婴儿到 70 岁高龄的老奶奶，跨度非常大。统计资料显示，所有被害者中，未满 13 岁的儿童占 22.7%，而 2.7% 的受害者为男性。

由此可见，性暴力的对象不止局限于年轻女性。从属于某个集团的弱势群体均有可能成为性暴力的被害者。即使是一位健壮的男性，到了团队成为弱势的一方，也有可能沦为性暴力被害者。

误解 2　女性暴露的着装和行为会引发性暴力

这一条与误解 1 的内容有所关联，意思是女性的穿着打扮和行为有可能成为性暴力的原因。拥有这种误解的人常常会以一种为别人着想的口吻，劝告女人不要穿短裙。

而根据之前的统计结果，我们发现这种误解并不符合实际情况。对于遭到性暴力的儿童，你能说"是你的衣着有问题，所以才引发了这种后果"吗？公司内的性暴力又该如何解释？要知道在注重风格、要求职员穿正装的大企业中也是有性暴力事件发生的。

实际上，哪怕被害者穿着暴露的衣服也不意味着她允许别人对自己实施性暴力。有没有允许性相关行为并不能依靠对方的衣着打扮进行判断，而是要看对方有没有亲口答应。

误解 3　女性希望自己被强奸或享受被强奸的感觉

女性享受性暴力的观点是对待性暴力最无知、最伤害被害者的误解。这种误解等于否定了无数性暴力被害者们所阐述的充满痛苦的证言，更何况其中还包含很多年幼的性暴力被害者。

我认为是那些极端内容的淫秽作品加强了这种误解。在那些淫秽作品中，被强奸的人往往开始很抗拒，但在中途会改变态度从而变得很享受，甚至反过来要求更加激烈的性关系。若是经常观看这种淫秽作品，人们就会对淫秽作品中的情景信以为真，从而树立歪曲的性观念。

如今，人们看待问题的意识得到了提高，从而有很多儿童登场的淫秽作品得到了管制。但事实上，试图以这种方式美化性暴力的淫秽作品同样需要得到管制。

误解 4　导致性暴力发生的是男人不可抑制的性冲动

它是指男人的性欲是本能的、冲动的、无法抑制的。然而，男人的性冲动并非不可抑制。导致性暴力发生的并不是男人的性冲动，而是男人们将攻击性的性行为默认为"男子汉的行为"的思考方式，以及助长这种氛围的社会风气。可以说，他们以歪曲的方式行使着自己的力量和权利。

更何况，性暴力不只出现于男性和女性之间。尽管不多，但女性成为性暴力加害者的情况确实存在。

大家难道不觉得疑惑吗？为何人们会对性暴力中的男性本能如此宽容？人类原本还具有杀戮的欲望，但最终却扼制了它，还发展出处罚杀人犯的文化。因此，对于犯下杀人罪的人，人们绝不会用

"因无法抑制的冲动"之类的借口来庇护杀人犯。可是对于实施性暴力的人的本能，我们为什么要庇护呢？总的来说，这就是错误的文化带来的后果。须知，人可是理性的存在。

而判决性犯罪案件时，经常会有"突发性地""引发冲动""因无法自制的欲望"等表达方式，但最近韩国的女性团体正在试图将这些表达方式改为"没有意识到""没能控制自己的欲望""没有经过对方的允许""因失去理性"等。

误解 5　除了女性提高警惕之外，没有什么办法可以预防性暴力

它的意思是想要防止性暴力的发生，女性只能多加小心。说得难听点儿，就是女性自己看着办的意思。这同样是将责任推卸给女性被害者的逻辑。

事实上，由于终日沉浸在性暴力的阴影下，所以女性们活得非常小心。但哪怕如此小心，一些女人们依然会遭遇性暴力。让女人小心的逻辑并不符合实际，而且也没有什么效果。

因此，想要杜绝性暴力，最终只能将目光转移到防止加害者产生的方面。我们需要重视的并不是个别的加害者。另外，我们要深刻反省当今社会文化在制造加害者的事实。因为这才是能够防止性暴力的最有效、最根本的对策。

误解 6　只要表示同意就不是性暴力

假设我们在网购。我们买了物品 A，但收到物品后发现物品有些不对劲儿。原来寄来的物品并不是 A，而是 B。等于说卖家将 B 当作 A 卖给我。可是我当初同意了购买物品，那我是不是得忍气吞声什么都不做？相信不会有人同意这样的观点。

可是在性暴力事件中，这样的事情经常发生。说是给买冰激凌吃，才跟过去的；说只是问路，才一起过去的；说帮助提一下东西，才进到屋子里的；说是业务上的需要，才一起去研讨会的……结果却遭遇了性暴力。遇到这些情况，很多被害者都会自责不应该同意对方的要求，而其他人也会责怪被害者，认为他们起初就应该果断拒绝对方的要求。

然而只要不是对性关系本身的同意，那么任何同意都无法为那次的性关系提供合理化的理由。因为这是百分之百的性暴力。正如同意购买物品 A 却收到物品 B 时不需要买家负责一样，在上述情况中，被害者同样不需要为性暴力事件负责。

即使同意发生性关系，也无法合理化地发生性关系的行为。因为若是在尚未发生性关系之前改变了心意或在性关系途中要求停止做爱，那之前的约定就会失效。"之前同意了我的要求，所以没关系"只是加害者自己的逻辑而已。重要的不是同意之前如何，而是同意之后发生了什么事情。

误解7　性暴力被害者应该有被害者该有的表现

　　人们普遍都有"性暴力被害者就应该有这样的表现"的观念。例如被害者会在第一时间报警，被害者会躲着加害者，被害者无法正常生活，被害者的性格会变得消极和自卑等。这种观念的问题在于若是被害者不符合这种类型，人们就不会将她视为被害者。

　　行为表现与人们以往的观念一致的被害者固然很多，但与这种观念相悖的人同样存在也是不可否认的事实。因为被害者会综合考虑自己的情况、加害者与周边人的关系、自己平时的性格、当前社会的氛围等因素之后，才会决定自己的行为。正因为如此，被害者表现出来的行为并不一致，或者说每个人的表现方式都存在一定的差别。

　　另外，不报警有可能是因为不想承认自己遭遇性暴力的事实，而亲近加害者则有可能是为了不失去自己在公司里的职位。总之，各种原因都有可能使得被害者的行为与平时的行为保持一致。

　　有些人就会问我：既然被害者的行为一点儿都不像被害者，那人们又如何判断她就是被害者？甚至在法庭上，这种逻辑也能站得住脚。而这无异于将责任推卸给被害者。

　　须知，将被害者害成被害者的是加害者。无论被害者表现出何种行为，只要承受了来自性暴力的伤害，那她就是被害者。我们应该停止追究被害者的"被害者表现"的行为。

误解 8　无法让加害者受到法律的惩罚是被害者的损失

我再给大家讲一个案例：有一个上小学五年级的小女孩在最近两三年的时间里一直遭到来自继父的性暴力。虽然这件事情被有心人举报，但孩子提供的口供出现了问题。因为孩子向建立良好人际关系的咨询师陈述的内容，和向建立普通人际关系的咨询师陈述的内容不是完全一致。由于陈述内容的不一致，新爸爸最终被判无罪。而身为被害者的孩子则被贴上"爱说谎的人"的标签，活得非常艰难。

庆幸的是经过两年多的心理治疗，这个孩子变得非常坚强。后来，在很长一段时间之后，这个孩子再次见到了那位加害者。她领悟到一个道理：你为什么低着头？为什么不敢看我？还是让我来告诉你吧。虽然法律上是你赢了，但现实中赢的却是我。因为在现实中，你再也无法动我的身体了。赶紧给我滚蛋吧！

对于性暴力被害者来说，调查和判决的过程非常艰难，所以往往会让他们处在非常尴尬的境地。不过，自从遇到这个女孩之后，我发现让加害者获得应有的惩罚固然重要，但是通过举报，将被害者和加害者分离，从而防止被害者继续被害的事情更加重要。与其因为害怕而躲避，还不如鼓起勇气直接举报加害者。从长远的角度上来说，这才是真正有利于被害者的举措。

女儿的性教育 41
检测性暴力指数

我们绝不能将性暴力当作少数人临时起意的行为。生活在歪曲的性别文化当中，我们都有可能成为性暴力的加害者和被害者。说不定平日里，我们糊里糊涂地就在默认性暴力，责备被害者。因此，我们首先应该正视歪曲的社会格局。

下面是检测性暴力指数的内容。通过这些提问，我们可以检测到自己隐藏的性暴力实施的可能性。我们要按照自己平时的想法，坦诚地选择答案。虽然它的检测对象是男性，但女性读者们也可以试着检测一下。父母最好先跟女儿一起检测，然后根据具体情况与孩子进行沟通。

性暴力指数检测

项目	提问	√	×
1	男性要努力照顾妻子或女朋友，但觉得没必要太过照顾其他女性。		
2	所谓的好男人就是懂得保护女性、照顾女性的男人。		
3	感到生气、痛苦、疲惫的时候，很难开口说出来。		
4	觉得穿着暴露的女性，在性关系方面也会很开放。		
5	性关系应该由男人主导。		
6	在接吻或触摸对方身体时，询问对方求得同意是一种很丢人、很破坏气氛的行为。		
7	性暴力的发生，被害者也要负一定的责任。		
8	夜晚，女性随男性来到酒店或家中就是答应与自己发生性关系的意思。		
9	看到别人有丰富的性经验就会感到很羡慕。		
10	对性行为热衷的女性一定有过很多性经历。		
11	女人们隐隐会被有魄力、性格豪放的男人所吸引。		
12	即使喜欢的女性不喜欢自己，男性通过不断示爱获得爱情，这也是一种浪漫和纯情。		

续表

项目	提问	√	×
13	不是很理解异性，不知道该怎么与异性交流。		
14	生气的时候，无法直接对惹自己生气的人表明自己的态度或进行解释，反而朝其他人闹情绪或撒气。		
15	懂得比关心自己更关心男性，相信并依赖男性的领导，懂得尊重男性的女性才是男性最向往的女性。		

分数 选"√"得 1 点，选"×"不得点数。

15—7 点 红色信号灯！你应该更加关注周边人的情绪，同时要为适当地表达自己的感情而努力。

6—3 点 黄色信号灯！你反对暴力，支持平等，但需要更加努力地观察周边人的情绪。

0—2 点 绿色信号灯。你拥有健康的性观念。你要将自己有用的经验和积极的感受传播给周边的人。

女儿的性教育 42
当孩子遭遇性暴力时表现出来的"症状"

父母要知道我们的孩子也有可能成为性暴力被害者。即使父母再关注孩子，也无法保证孩子不会遭到性暴力。

遭遇性暴力的时候，孩子若能够将事情的经过告知父母自然是最好，但事实上，很多孩子都做不到这一点。有可能是孩子不清楚自己遭遇了什么；也有可能是因为加害者是个熟人，所以担心双方的关系变得糟糕而不敢讲出来。

当然，若是从小接受性自主性训练的孩子，他们很可能直接就告诉父母。但父母也知道，孩子从来不会老老实实地按照自己训练的那样或父母预料的那样行动。

正因为如此，平时父母就应该多观察孩子的行为。遭遇性暴力的孩子，即使口头上不说，也会从身体上、心理上表现出来。此时，父母要灵敏地捕捉到这种"症状"。

身体上的"症状"就是出现在生殖器或肛门上的伤口。即使是伤口不明显，只要孩子在洗澡的时候表现出不舒服或疼痛的样子，父母都要多注意观察孩子。另外，嘴巴上的伤口也不可以忽视。因为加害者在强迫孩子进行接吻或口交的时候，有可能会让孩子的嘴巴留下伤口。尤其，遇到这样的情况时，孩子经常会做出干呕的动作，所以要更加留意。

心理上的"症状"是孩子做出性行为相关的行动或表现。例如利用玩偶做出进行性行为的动作或用笔画出生殖器流出精液的图画等。很多父母会认为这是孩子接受性教育后的表现，但事实上性教育中并不会告知他们如此具体的情况。

另外，遭遇性暴力时，孩子还有可能突然表现出不安或忧郁的样子。他们会毫无缘由地发脾气、和小朋友打架、该笑的时候哭，一些未入学的孩子甚至还会出现尿床或吸手指等退步行为。另外，孩子还有可能表现出失眠症、恐惧社交、食欲减退等类似于忧郁症的症状。

不过，即使怀疑孩子遭遇性暴力，父母也不要催逼孩子，更不要表现出大惊失色或惶惶不安的样子。你要明白孩子本人才是当前最感到不安的存在，因此一定要镇定地与孩子展开交流。

另外，还有一点需要父母注意：正如我之前提到的，被害者的表现方式并不是固定的。有些孩子即使遭遇性暴力，也有可能不会出现任何特殊的"症状"。因此，即使事后发现孩子遭遇性暴力的事实时，父母也不能责怪孩子没有早一点儿告诉自己。因为这样的行为有可能成为强迫孩子要有"被害者表现"的第二次伤害。

女儿的性教育 43
如果孩子遭遇性暴力该怎么办？

当得知孩子遭遇性暴力时，大多数父母的反应是"孩子说的是真的吗"，因为他们不愿意相信自己的孩子遭遇了这样的事情。若得知加害者是家人或亲戚时，那他们就会更加难以接受。但越是这样，我们就越应该相信孩子的话。在这种情况下，责怪孩子是不可取的行为。

应该对孩子说的话

爸爸妈妈相信你。

这件事情不怪你。

不是因为你是坏孩子才发生这样的事情。

差点儿就出大事了。幸好事情不是太糟糕。

换成其他孩子也会和你一样。在那种情况下，任何孩子都会来手无策。

只是那个地方疼，其他地方都没什么事情。

你生气是应该的。

不能对孩子说的话

你说的到底是真话还是假话？

我一定会为你报仇。

你为什么要去那里？

我早就说过别和他一起玩。

你怎么不小心点儿。

我早就说过让你小心那个人。

我有没有说过让你不要跟着陌生人走？

怎么不早点儿告诉我？

好了，别再说了。

这件事情等以后再说吧。

另外，父母要尽快询问孩子，了解事情的经过。最稳妥的方法是将整个过程进行录音或录像，并当作证据保留下来。这么做是为了考虑日后有可能涉及的加害者处罚和法庭审判做准备。

不过，这时有一点需要格外注意：那就是要避免以"是那位叔叔做的吗""是不是在那位叔叔的家里"等诱供方式的提问。这种提问方式会被看作父母诱使孩子按照自己的意图进行供述，因此会让被害人在法庭上处于非常不利的地位。父母应该对孩子进行如"是谁做的""那里是哪里""那是几点发生的事情""摸了你哪里"等"开放式的提问"。尤其，对于事发时间和事发场所，父母不可以主动提及，而是要让孩子自己进行思考并回答。如果孩子愿意进行回答，父母就可以询问一些细节，即以"你还记得那位叔叔穿着什么样的衣服吗""什么？穿着蓝色裤子？什么样的蓝色？是牛仔裤一样的蓝色吗"等提问方式，扩大范围，让孩子进行回答。

不过，父母提问时不可以催逼孩子做出回答。因为此时的孩子在情绪上正处于非常混乱和不安的状态，因此必须要一边安抚孩子，一边有条不紊地进行提问。另外，问完孩子之后，不要忘了跟孩子说："谢谢你告诉我这些。"

事实上，父母们很难向孩子询问这些事情。毕竟遇到这种情况时，父母也会感到愤怒和生气。如果实在做不来，父母也不用太勉强。这种时候，父母其实可以寻找心理专家进行咨询。

与询问孩子同样重要的事情就是收集一些能够成为证据的东西，即收集孩子穿过的衣服、加害者的指纹或沾有唾液的玩具等东西。不过，需要注意的是尽量在 24 小时之内进行，而且尽量不要超过 72 小时。尽管现在的调查技术非常发达，哪怕经过比以前更长的时间也有可能提取到指纹或唾液，但无疑时间越短，其准确性也越高。另外，孩子的身体上也有可能残留加害者的指纹或唾液，因此报警之前最好不要给孩子洗澡。

还有就是一定要确认监控。如今，很多地方都设有监控，但能够保存影像的时间都不是很长。很多地方过了一两个月就会消除记录，因此父母要尽快申请调取监控录像。

很多父母在性暴力事件发生后都会在第一时间选择搬家。其实，这件事情很值得推敲。尤其，在孩子受到来自同一小区之人的侵犯时，父母自然很希望离开这个"伤心之地"。但如此一来，孩子有可能将性暴力当作自己犯下的错误，因此在搬家之前一定要先与孩子进行商量。

女儿的性教育 44
孩子的父母也需要接受心理治疗

父母最担心的部分无疑是遭遇性暴力之后孩子的不安反应会持续多久、性暴力的后遗症会不会折磨孩子一生的问题。但事实上，性暴力的伤害是可以被治愈的。适当的心理治疗可以最大限度地减少后遗症，让孩子得以以"生存者"的姿态回归平常。

正如我们在前面所说的那样，一些机构还会为被害者儿童提供心理治疗援助。对于小学低年级学生，医生会实施游戏治疗方法；而对于小学高年级学生，医生则会实施心理治疗。另外，他们会与其他拥有相同经历的孩子一同接受治疗。若是孩子呈现出严重的忧郁症状，或许还会进行药物治疗。

至于孩子需要什么类型的心理治疗，具体由心理测试和专家的判断来决定。但无论孩子接受何种治疗，其过程都离不开父母的陪伴和支持。

我认为孩子的父母也应该同孩子一起接受心理治疗。我的意思并不是让父母与孩子一起参与性暴力心理治疗，而是让他们接受以性暴力被害儿童父母为对象的心理治疗。

　　当孩子遭到性暴力时，很多父母都会陷入"我太不负责了""我不应该让孩子去那里""我不应该让孩子一个人待着""我身为妈妈，居然一直都没有看出来"等自责当中。但正如性暴力不是孩子的过错一样，它同样不是父母的过错。性暴力的责任理应由加害者背负。

　　每天看着因性暴力后遗症而痛苦不已的孩子，父母也要承受不少压力，甚至严重时还会患上忧郁症。就算是为了孩子着想，父母也要提起精神、稳住重心。因为父母的感受会如实地传递给孩子。如果无法承受心中的压力，父母就应该积极地接受相关心理治疗。

　　不过，在进行心理治疗时，很多人体验几周或几个月，觉得差不多了就会果断地中断治疗。但是有的性暴力后遗症是有潜伏期的。它会在你身上潜伏一段时间，然后在日后的某一天突然爆发出来。觉得自己治愈得差不多了，于是就中断治疗，结果在几年后，突然出现后遗症的情况并不少见。一些在幼儿时经历性暴力的孩子，或许她自己都忘掉了这件事情，但会在日后爆发出各种症状：例如进入青春期，经历初潮后，有可能突然做出一些奇怪的行为；特别喜欢纠缠男朋友或出现特别厌恶男性的情绪；结婚生子后，对女儿控制得极其严厉等。因此，无论是孩子还是父母，都要接受长期的心理治疗。

女儿的性教育 45
性别暴力也属于性暴力

我先前说过，性教育要发展为性别教育；同样，除了关注性暴力，我们有必要关注一下性别暴力。当然，也有人觉得为时过早。毕竟性暴力问题也是刚通过"Metoo"活动开始受到人们关注的。然而，我认为性暴力的引发始于性别暴力，因此性别暴力同样是孩子们需要了解的内容。

假如性暴力是做出违背对方意愿的行为，那么性别暴力则包括了所有关系性别的区分和不平等。

就好比我，原先我也不是专业的性教育讲师。在这之前，我还在一家大型企业工作了八年，只是后来被公司给解雇了。你问为什么？因为我结婚了。公司领导告诉我，结婚的女人无法继续待在公司。如果男人结婚了也会被裁员吗？不是，领导只会鼓励他更加认真工作。事实上，这也属于性别暴力的一种。

最近，女性职员的情况好转了不少。很少会有公司明目张胆地驱逐结婚的女职员。不过在韩国，很多已婚女性在生下孩子之后都会主动辞掉工作，想来大家都明白其中的原因。因为女性要一个人承担所有的家务和养育工作，所以每天累得筋疲力尽，最终只能选择辞掉工作。难道不公然叫你滚蛋就不是性别暴力吗？单方面地给女性施加负担同样属于性别暴力。

难道性别暴力的替罪羊只有女性吗？绝不是如此。男性也有男性自己的难处。很多父母都会对儿子说这样的话："不要哭。男孩怎么可以流泪？男孩绝不能哭泣。"正如我们所见，只因是男性，所以父母不但不安慰孩子，反而要求孩子扼制自己的感情。这无疑是一种非常不公平的事情。这样的情况也属于性别暴力，即"你是女孩，所以……""你是男孩，所以……"之类的表达方式均属于性别暴力。

成人之后拥有所谓的女性倾向的男子很容易成为性别暴力的对象，因为他会被当作一个不符合社会要求的、缺乏男性性的男子。

性别暴力在日常生活中极其常见。因此，提出质疑的人很容易被当成过于敏感的人。"你大惊小怪什么？搞得别人不得安生。"然而这种敏感性正是我们社会需要进一步开发的能力。我希望我们大家能够变得更加敏感，因为改变世界的永远是那些敏感的人。

女儿的性教育 46
对约会暴力的一点儿浅见

我打算在这个章节里仔细讲解一下曾在第三部分中提及的约会暴力（在国外，人们对约会暴力的定义更加明确，所以使用"性伴侣暴力"这个词）的问题。拥有十几岁女儿的父母们尤其需要仔细阅读。

约会暴力无法被当作性暴力的一种，只能说它们之间存在一种交集关系。约会暴力分为监禁、殴打、性暴力等身体方面的暴力和辱骂、监视、胁迫、自虐等情绪方面的暴力。约会暴力中有些属于性暴力，有些则不属于性暴力。而这本书中之所以讲解约会暴力，是因为现实中很多女性都承受着约会暴力的折磨，而其中的大部分都会伴随着性暴力。

正如女性也有可能成为性暴力的加害者，约会暴力的加害者中同样也包含着女性。不过，在伴有严重殴打或性暴力的约会暴力中，除了极少数的男性，其他大部分受害者都是女性。

然而看待约会暴力的社会视角其实和性暴力一般无二，即都认为是被害者的过错。约会暴力的被害者往往都要遭受来自周边人"是不是你先对不起你男朋友的"这样的目光。说得难听点儿就是"挨揍肯定有理由"的观点。

防止约会暴力的对策其实和防止性暴力的方法很相似。但能够帮助被害者百分百躲避约会暴力的方法是不存在的。这一点连父母也无法做到。因此，真正解决约会暴力的方法只有一种，那就是防止加害者的产生。

若是父母们问我"除此之外，还有没有办法可以躲避约会暴力"，我会告诉他们能够做到这一点的只有主体性教育。越是拥有性主体性的女儿就越不会对拥有暴力倾向的男性产生兴趣，而且遭遇约会暴力时，她也能马上意识到问题的严重性，并向周边的人寻求帮助。

若是发现自己的孩子正在遭遇约会暴力，那么父母要根据具体的情况，采取不同的应对方法。例如尚未达到性暴力的程度，父母就要当作学校暴力来对待，即父母要通知学校。若是达到了性暴力的程度，那么父母就要按照之前所说的那样，采用应对性暴力的方法，即要报警。

女儿的性教育 47
从被害者蜕变为生存者，
从生存者蜕变为亲历者

之前，我给大家介绍过"生存者"的概念。最初使用这个词的是在 2003 年韩国性暴力咨询所组织的"生存者大声说话大会"上。这个大会的举办无异于一种被害者也要理直气壮地发出自己声音的宣誓。

最近，以"Metoo"运动为契机，又一个词汇冒出了头，那就是"亲历者"。就如字面上的理解，"亲历者"指的就是亲身经历过的人。

若说这个世上不存在没有经历过性暴力的女性也不为过。我同样是其中一员，而相信正在读这本书的读者们当中也有很多这样的人。然而成为亲历者并不只是意味着她经历过性暴力。

如此之多的被害者都经历过性暴力，但被害者们一直都对此三缄其口。直到其他被害者一一站出来，又有新的被害者不断涌现，世界才开始做出反应。

"亲历者"包含着将自己的性暴力遭遇公开，同时与其他被害者们一起群策群力的含义。倘若"生存者"想要表达的是被害者个人愿意不畏缩、积极面对生活的含义，那么"亲历者"想要表达的则是被害者们在社会中想要携手合作的含义。

我曾在本部分的开头提过性教育中最重要的概念是勇气。我之所以将亲历者概念推出来，是为了让那些遭遇过性暴力的被害者们能够从单单获得勇气的阶段向前跨出一步，步入到相互鼓励并培养勇气的阶段。

重要的是，父母们作为亲历者应该先行发出声音，或给那些后来的亲历者们发出声援和支持。看着父母的这种行为，孩子们也将获得与父母一样勇敢站出来的力量。

我希望那些经历过性暴力的读者们在读过这本书之后，明白世上除了"外伤性精神症"的概念之外，还有"外伤后成长"概念的事实，同时能够通过"外伤后成长"获得重生。从这种宗旨出发，我梦想着有一天能够与被害者们一起经营"外伤后成长教育中心"。

5

青春期的女孩会对性抱有何种疑惑

青春期女孩们的 20 个提问

从现在开始，父母要仔细读一读青春期女孩们提过什么样的问题，而我又是如何回答的，然后分析一下这一时期孩子们的心理。另外，我的答案只能算是一种参考，而不是标准答案，因此父母们也要自己思考一下该如何回答孩子们的提问。

♀

不畏不缩
直面女儿的
性教育

问题 1

当青春期的孩子向你提问时

作为性教育讲师，我遇到过很多青春期的孩子，同时也跟她们有过很多沟通。而且，女孩们的提问往往都很直率、很尖锐，说是她们的提问成就了现在的我也不为过。正是因为时常思考该如何回答这些问题，所以我才能逐渐成长为现在的我。

本书的这一部分主要汇集青春期女孩们的提问中最具代表性的一些问题。这些问题是当今韩国处于青春期的女孩们平时最感到好奇的一些问题。

我之所以将她们的提问罗列在一起，是因为青春期的孩子往往对一些具体、大胆的性知识感到十分好奇。孩子们自己也意识到了这样的情况，但由于无法开口向父母询问，所以也只能通过朋友或网友们相互分享信息。而她们之所以会向我提问也是因为我性教育讲师的特殊身份。

我无比希望青春期的孩子们能够毫无负担地向父母询问这些问题。而想要做到这一点，父母就要为孩子们建立从小就能大胆地将自己的想法和日常生活透露给父母知道的环境。人类从出生时开始就是一个有性意识的存在，因此父母同样要认可孩子具有性意识的事实。

　　从现在开始，父母要仔细读一读青春期女孩们提过什么样的问题，而我又是如何回答的，然后分析一下这一时期孩子们的心理。另外，我的答案只能算是一种参考，而不是标准答案，因此父母们也要自己思考一下该如何回答孩子们的提问。

问题 2

如果经常做一些性幻想，
需要克制一下吗？

　　首先，能提出这样的问题说明孩子对于做性幻想抱有一定的自责心理。若是询问她们会做何种性幻想，你会发现她们的答案可谓是千差万别。即使是同一个年龄阶段的孩子，由于性趣味和性主体性的差异，她们的性幻想也会存在很大的偏差。

　　如果是一个对性保守、不具备性主体性的孩子，那她很有可能会极度抗拒做性幻想的行为。如果她是一位虔诚的基督教信徒，那这样的可能性会更大。这样的孩子懂得扼制自己的性欲，所以哪怕做一些性幻想，情节也不会太出格。还有一个孩子曾告诉我，自己很喜欢一个偶像，而且经常会做一些与那个偶像做亲密举动的幻想。

　　遇到这种情况，我都会极力安慰对方，然后告诉她无论是男人还是女人、年龄大还是年龄小，只要是人就属于拥有性意识的存在，所以对性抱有好奇心是一件很正常的事情，没必要大惊小怪。也就是说，做一些不出格的性幻想是没必要感到自责的。

不过，有些孩子做的性幻想内容则充满了暴力、施虐的场景，以至于连我这样的大人听到之后都感到惊愕不已。这样的情况大都是受到以男性为中心的成人电影、成人漫画、成人游戏等淫秽物品的影响所致。因为她们会认为只有那样做，女性才会快乐。假如这样的错误意识变得根深蒂固，那么即使遭到性暴力，女性也丝毫察觉不到有什么不妥。

遇到这种情况，我一般都会通过提问和回答来引导孩子做出正确的判断，而不是妄下像"那是不好的行为。你绝对不可以做"之类的结论。在做这样的性幻想的同时感到不自在，说明孩子自己也意识到了自己的幻想太过施虐。更何况，询问大人要不要抑制性幻想，这样的行为本身就包含着想要克制的意志。

如果我问她们"你为什么想要克制"，那她们大都会回答说"因为感觉这样的想法有点儿恶心"。届时，我就会继续询问她们："你尝试过克制吗？""为了克制这种行为，你都做过什么样的努力？""周边有没有朋友怂恿你这么做？"而在这种提问和回答的过程中，孩子自己就能找出答案。

问题 3
恋爱经验是不是越丰富越好？

虽然每个人的价值观都存在一定的差异，但我认为恋爱次数多不多并不是很重要。与其计较恋爱次数，还不如谈一场能够让自己成长的恋爱。

重要的是不要谈让自己痛苦的恋爱。虽说恋爱很少有不痛苦的，但我认为即使会痛苦，这种痛苦也要在自己承受的范围内。不过，这并不是说恋爱的时候就要只顾自己的感受或无视对方的感受，而是说在谈恋爱的过程中感受到的痛苦，若是超出自己所能承受的极限，那这场恋爱并不是一场能够让自己成长的恋爱，而是一场伤害自己的恋爱。

但是也没必要尚未开始恋爱就畏首畏尾，最终不得不放弃恋爱。要知道，恋爱是可以变化的。哪怕起初不怎么样，只要两人一起用心经营，也能变成相互成长的关系。这就是恋爱的秘诀。

一开始就谈能够让自己成长的恋爱并不是一件容易的事情。想要做到这一点，就必须与对方进行沟通。在沟通的过程中，双方要确认自己在谈什么样的恋爱、有没有在为创造更好的恋爱而努力、日后需要做出什么样的努力等问题。

女孩们普遍对自己的性主体性都很自负，而当真正谈恋爱时，她们就会发现自己领悟的还远远不够。另外，在与性别敏感性不足的对象进行争吵和说服对方的过程中，她们会渐渐提高自己的性别敏感性，同时还会对原本陌生的男性的性产生了解。

对此，我有一个好方法推荐给大家：那就是制作"恋爱成绩表"。就像考试之后会发成绩表一样，对自己正在进行中的恋爱也可以制作出一个成绩表。至于"科目"则可以自行制订，如多长时间见一次面、每天交流多长时间、有没有认真听对方的抱怨等都可以。一年是十二个月，可以每两个月打一次分数，一年就可以打六次分数。分数会有一定的浮动。另外，可以根据自己的主观判断打分数。例如在"多长时间见一次面"的"科目"中，表现为"每天都见面，但每次也就十分钟"，则可以根据自己的不满心理只给十分。

制作这个"恋爱成绩表"的目的既不是为了记录自己谈了多少次恋爱，也不是为了给自己的恋爱对象打分。正如成绩表显示的是一个学生的学业能力一样，"恋爱成绩表"则是在显示"我现在在谈什么样的恋爱""我有没有在谈一个健康的恋爱"，以及"我在恋爱中重视这一点，但对方却重视那一点"等内容。

如果让孩子自己制作"恋爱成绩表"，她们往往会非常感兴趣；而且在制订"科目"并打分的过程中，她们就能判断出自己正在谈的恋爱是不是能够让自己得到成长的恋爱。甚至，她们会发出感慨"啊，原来我是因为这样的原因和他分手的啊！我得改正这些缺点"，然后对自己的行为进行检讨。

　　如果是没有谈过恋爱的孩子，则可以让她们制作一个"友情成绩表"。相比经常谈恋爱的孩子，始终是单身的孩子也不少。另外，也有一些孩子从来不谈恋爱，只追求性爱。让这些孩子用朋友代替男朋友制作"成绩表"，并通过这一过程演示自己的恋爱，也能对她们产生很大的帮助。

·**恋爱成绩表**　　　　　　　　　姓名：李明姬　年龄：29 岁

	上学期	下学期	总分	对比
前男友 A (约 1 年)	学分 90 分 理由　英俊的外貌，性格合拍。两个人都是活泼的性格，所以待在一起很愉快。	学分 40 分 理由　平时待人亲切。不过，一喝酒就玩失踪……	学分 60 分 理由　每周至少喝 4—5 次酒！若是不爱喝酒，该有多好……	外形　个子高、外貌英俊、平时很绅士，但一喝酒就会耍酒疯。 职业　大学生 出学率　（上／中／下）

	上学期	下学期	总分	对比
前男友 B（约6个月）	学分 80 分	学分 0 分	学分 0 分	外形 不同于模仿学生般的长相，人品很差。很恶心的一个人。 职业 大公司职员 出学率 （上／中／下）
	理由 在和 A 分手后，经常照顾我。据说，从两年前开始就喜欢我。	理由 就业后，跟实习生同事有染。	理由 ×杂种……	
前男友 C（约2年）	学分 40 分	学分 90 分	学分 80 分	外形 个子不高，但身体很健壮。说话的声音很好听。外冷内热型。 职业 大公司职员 出学率 （上／中／下）
	理由 为人沉默寡言、回的信息也很简短，所以起初印象不是很好。	理由 懂得尊重老人，见面的次数越多越觉得是个不错的人。据说，性格比较腼腆，所以不擅长表达自己的感情。	理由 由于调职到国外，所以最终分手。还在留恋这段感情。	

问题 4

第一次做爱有适合的年龄吗？

我不认为做爱要像选举一样，需要定一个可以参与的年龄。

我认为能否发生性关系的第一基准是当前是否拥有性主体性。其次，要考虑清楚自己是否做好了准备、与对方之间关系如何等问题。另外，由于性关系是两个人的事情，所以只有在满足上述条件并获得彼此的同意方可进行。

不过，即便双方都同意，性爱也不是立马就可以展开的事情，它需要一个调整、准备的过程。例如我们需要做如下几种准备：

首先是对场所和时间的准备，即需要挑选一个能够安稳地享受二人世界的地方。另外，还要定下一个"性爱日"。

尤其第一次发生性关系的时候，人们往往都对它抱有美好的幻想。例如在一家高档酒店准备好烛光晚餐，穿着某种品牌的内衣，等等。总之，如果拥有这样的幻想，就一定要尽最大的努力去实现它。说不定准备它的过程更能让你们感受到浪漫和愉快。

其次，要做好避孕的准备。双方不但要了解各种避孕方法，还要想好不慎怀孕之后的对策。

曾经，我告诉孩子们，只有将这些都准备好，才可以发生性关系，结果孩子们都叹息说："哎，那得什么时候才能准备好啊？看来我这辈子是没希望了。"说到底，性关系并不是年龄到了就可以胡乱进行的，而是要先做好充分的准备。若是没有做好准备，哪怕是成年人也不应该发生性关系。

因此，我会对这些唉声叹气的孩子们说："做爱并不是越快越好。如果没有做好准备，肯定是越晚越好。若是想要快一点儿实现这一目标，你就应该更加认真地学习性知识。"正如我之前强调过的那样，性是一种需要预想、准备、负责的主体性行为。

问题 5

第一次发生性关系时会流血吗?

提出这样的问题,说明这个人指的其实就是有关处女膜的问题。长久以来,女性一直被要求在结婚之前保持完璧之身。因为她们要作为完好无缺的"处女商品"转交给丈夫。如果是提前破身,她们就会被视为家族的耻辱。

如今,这种文化相比以前得到了很大的改观,但仍然有很多男孩希望自己的女朋友或妻子是处女。甚至,十几岁的男孩们的想法也是如此。另外,很多女孩都很在意这一点,同时也重视第一次做爱时会不会出血的问题。

然而在我看来,"处女膜"这一词本身就是错误的。首先,"膜"这种表达方式很容易让人产生误会,让人不由自主地联想起一层膜堵着阴道的场景。倘若真是这样的情景,月经又如何能够流出阴道呢?若是月经不能流出体外,女人的身体肯定会出现问题。因此,在女性的阴道里并不存在"膜"这种东西。

众所周知，人的身体里包含着很多肌肉。长在阴道里的肌肉，我们称之为"阴道肌肉"。阴道肌肉平时处于关闭状态，但会在三种情况下打开：首先是生理期，其次是生孩子的时候，最后是发生性关系的时候。不过，阴道肌肉并不会在刚开始做爱时就瞬间打开，而是会在爱抚的过程中，阴道里分泌液体变得湿润之后，渐渐打开。

那么，我们所说的处女膜破裂而流出的血液究竟是什么呢？那其实就是在性关系的途中，阴道受伤而流出的血液。一句话来说就是错误的插入方式导致的后果，即男女第一次发生性关系的时候，不但女性生疏，男性也可能会冒失，因此才会出现这样的结果。

根据出不出血来判断是否有过性经历是不准确的。每一对情侣发生性关系时的情况都存在一定的差异。例如第一次发生性关系时，有些女性就不出血；而有些女性则是过几天才出血；甚至，还有一些女性是在第二次做爱时才出血。

我个人提议给"处女膜"更换其他名称。我认为"阴道皱纹"就比较合适，意思就是长在阴道里的皱纹。所有的词都不是固定的，它们会随着时代的变迁不断发生变化。我也希望这种方式能够让施加于女性和男性身上的双重标准得到改正。

问题 6
第一次做爱时会很疼吗？

　　虽说相比以前，青少年经历性爱的比率有了很大的提高，但没有性经历的孩子还是占更大的比重。这些孩子会对性爱的感觉抱有很大的好奇心，这是很正常的现象。不过，有一个问题男孩很少会问，女孩却经常会问，那就是第一次做爱时会不会疼的问题。

　　孩子会提出这样的问题，可以说有几个原因：有可能是出于对阴道皱纹（处女膜）的错误认知，有可能是周边的朋友跟她说过自己第一次做爱时很疼，也有可能是在书中或电影中看到过女性第一次做爱时感到痛苦的场景。

　　发生性关系时，女性之所以会感到疼痛，是因为男性在女性的阴道尚未完全张开时就将自己的生殖器插进去所致。另外，女性的阴道尚未完全张开的原因是因为缺少"前戏"，这会导致女性没有性快感。

第一次发生性关系时，女性难免会有些生疏，而对方同样很有可能不是很熟练。于是，在没有充分进行"前戏"或过于紧张的情况下，身体变得僵直，阴道没有完全张开，女性自然就会感觉到疼痛。

也就是说，第一次做爱并不一定会很痛苦。因此，没必要硬忍着疼痛去进行插入式的性交。冷静下来，花费充分的时间，慢慢地去尝试，总会成功。说不定将一定要插入的想法抛到脑后时会更容易成功。只有不执着于插入式性交，专注于自己的身体和对方的身体，做爱的过程才会变得更加愉快。

与它类似的提问还有"做爱真的那么舒服吗"。这个问题乍一看就像是完全相反的问题，但从其根源是孩子们对性关系的好奇心和误解的角度上来说，它们其实都是差不多的问题。

只有在对自己的身体足够了解，同时能与对方配合好的情况下，做爱才会愉快。否则，做爱不但不愉快，甚至还有可能会很痛苦。尤其是女性在插入式性交中未必能体会到快感，所以更是如此。一些电影情节中，女性会在刚进行性关系的时候或刚插入的时候做出非常愉快的表情，但事实上并不是这样。因此，第一次性关系不一定都会给人们留下美好的回忆。

因此，我经常会对儿子说："性关系的好与坏决定于付出了多少努力。"我希望孩子们能够明白：性关系并不是一个人的幸福，而是两个人共同的幸福。

问题 7
男朋友总是想跟我亲热

倘若一个孩子喜欢与男朋友亲热断然不会苦恼于这种问题。也就是对方的亲热尺度超过了自己所能容忍的极限，所以才会有人提出这样的问题。因此，这种提问中包含着"我应该怎么拒绝他"或"怎样才能拒绝他"的含义。

答案其实很简单，只需要回答"我不想跟你亲热"即可。然而提出这种问题的女孩显然做不到如此坚决地拒绝对方。也许是担心拒绝后伤了对方的心，也许是觉得对方的要求很正当，而自己却在无理取闹。

每当遇到这样的提问，我都会建议她好好想一想，自己是否想亲热，以及对方要求亲热时自己是什么感受，然后让她与对方开诚布公地进行沟通。既要明确自己要的是什么，也要表明自己的立场。

不过如此一来，还会有很多提问接踵而来："即使我这么做了，他还要继续跟我亲热该怎么办？"对此，我会坚决地提议让她和男朋友分手。因为这样的人对对方并不是很真诚，也没有想要尊重对方的意愿。他所关心的只是亲热的举动，所以继续交往下去也不会有好结果。

　　不过，是否会根据我的建议跟男朋友分手是那个孩子自己的选择。或许舍不得分手的孩子会更多。因为能提出这样的问题已经表明，这个孩子的主体性处在很低的阶段。这样的孩子当前最需要的无疑是长期进行提高自我主体性的练习。

　　此外，也有这样的情况：有时跟男朋友在一起会发现他突然变得很紧张，我仔细一瞧，发现他裤子顶起了一个大包。遇到这种情况，双方都会感到非常尴尬，哪怕勃起的原因并不一定跟性欲有关系。当然，勃起也有可能是因为女朋友在自己身边而产生了性冲动。

　　不过，若是女友对勃起的概念不是很清楚，那么很有可能会产生消极的想法，即会误会男朋友对自己有某种不良企图。虽说男朋友可以坦然地告诉自己的女朋友有关勃起的性知识，从而解开女友的误会，但在这之前，女孩原本就应该对男性的身体有所了解。

　　关键在于一些男孩们会将勃起的事实作为男女之间亲热的"武器"来使用。他们甚至会欺骗对方说"勃起时必须得射精，不射出来就会生病。你帮我弄一下"，然后试图以这种方法向对方施加压力。须知，以这种方式要求发生亲密举动的行为俨然属于性暴力。

倘若是一个主体性不坚定的女孩，说不定在看到男朋友的眼神之后会产生动摇。她可能会担心自己不答应对方的要求，对方就不再喜欢自己，于是在犹豫一阵之后，被迫与对方发生性关系。然而性关系必须要根据自己的感情和思维做出判断。

　　事实上，对于男朋友的这种要求，女孩只要稍作思考就能发现它是一件多么荒唐的事情。勃起的时候，男朋友完全可以自己进行调节，而不是让女朋友帮他解决勃起的问题。这无疑是让自己成为别人身体的奴隶，而不是自己身体的主人。

问题 8
男朋友的纠缠让我感到疲惫

恋人之间经常询问对方一些生活琐事甚至相互吃醋，这都是正常的。但若因此而导致另一方疲惫反感，那就等于进入了约会暴力阶段。

不过，值得庆幸的是，有孩子向我提出了这样的问题。这说明她意识到了问题的严重性，同时懂得向别人寻求帮助。这种孩子的主体性至少是在中级阶段以上。若她是一个主体性较低的孩子，她肯定察觉不到问题的严重性。因为她会天真地将对方的纠缠当作疼爱自己的表现或疼爱自己的方式，这样的孩子无疑是非常危险的。

因此，对于提出这种问题的孩子，我首先会夸奖她：在遭遇约会暴力的时候，最重要的就是向周围寻求帮助，而你能想到这一点就已经很了不起了。

之后，我会告诉她具体的应对方法。首先，为了以防万一，我们要留下对方纠缠自己的证据。我们可以写日记，也可以录音。

另外，只有两个人的时候要尽量避免吵架。倘若一定要吵，那最好到公开的场所，即要尽可能到随时可以向周边人寻求帮助的地方。尤其宣布分手的时候，我强烈建议到人流量较大的地方进行。

不过，到了这种程度，那孩子自己也会明白，分手是最好的选择，即使继续谈下去也不会有好结果的道理。

倘若对方的纠缠严重到了一定的程度，孩子就必须将此事告知父母和学校，当然也可以直接报警。当孩子向大人寻求帮助的时候，大人绝对不能抱着"谈恋爱不都这样吗"的念头，而将它忽视掉。

问题 9
有没有办法可以让胸部变大？

虽然我将有关胸部大小的问题作为本章的题目，但事实上，根据身体部位的不同，会存在很多版本的提问。如果想要让皮肤变得细腻该怎么办？如果想要让腿变长该怎么办？怎么才能让自己变成瓜子脸……

对于这些问题，针对不同的身体部位或许有不同的答案。有些必须服用药物才能得到解决，有些只需懂得化妆就能做到，有些只能做整容手术才可能实现，有些需要时间的沉淀，有些则根本不可能实现。

但这样的回答终归不会对孩子们有太大益处。让孩子们提出这种问题的并非是长得难看的身体部位，而是她们低于别人的主体性。倘若这个孩子最终成功地让自己的胸部变大会怎么样呢？她的满意只会是暂时的。没过多久，她又会对别的部位产生不满，然后再次询问类似的问题。

主体性高的孩子会爱惜自己身体原有的样子。她们不会为了迎合别人的眼光而改变自己的身体。如果别人对她们说"你得减肥了""你如果割一下双眼皮一定会很漂亮",她们会自信满满地反驳说:"我的身体怎么啦?我很喜欢现在的身体。"

我常常会对自己的身体说"辛苦了"。通常在洗澡或关注自己的身体时,我会称赞自己的身体。在洗腿部时,我会说:"大腿啊,你今天也辛苦了。整天支撑着身体,还走那么远的路,一定很累吧?谢谢你一直坚持到回家。"另外,在洗头的时候,我会说:"脑袋啊,谢谢你默默无闻的奉献。多亏了你,我今天才能顺利地结束演讲。"如此一来,我会越发关注我的身体,同时还会思考自己能为身体做些什么的问题。于是,我渐渐开始对鞋子进行投资。我的讲师职业决定了我只能四处奔波,所以我领悟出一个道理:那就是要照顾好我那劳累的脚。

我建议孩子们也尝试这样的方法。这不仅会让她们爱惜自己的身体,还会使之成为一种提高主体性的练习。

问题 10
可以用月经棉塞或月经杯代替卫生巾吗？

每当听到与后面的章节相同的提问，如"经血的颜色是褐色，我是不是得病了"时，我都会生出孩子们缺乏身体常识的念头。反之，听到有人向我提出有关月经棉塞或月经杯的问题时，我也会切实体会到相比以往，还是有不少孩子具备了大量性知识的事实。

孩子们了解月经棉塞和月经杯的存在并对其产生好奇心，有可能是通过学校的性教育课，但更多是从网络上接触到的。虽然月经棉塞和月经杯没有像卫生巾那样得到普及，但如今的社交网络非常活跃，所以女性之间相关信息传递得非常快。

即便处在这样的环境下，孩子仍然向我提问，这说明孩子的心中对使用月经棉塞和月经杯抱有一定的恐惧心理或抗拒心理，即她们想要通过专家去确认，使用它们是否真的很安全。而这种恐惧心理或抗拒心理产生的原因在于使用月经棉塞和月经杯要将它们塞入阴道当中。她们缺少性经验，所以害怕塞入阴道后会伤到阴道皱纹（处女膜）。

对于提出这种问题的孩子，我会首先告诉她什么是处女膜，即告诉她，所谓的处女膜其实就是阴道皱纹，以及处女膜的名称本身就是错误的解释。之后，我会告诉她，即使将月经棉塞或月经杯塞入阴道中也不会有事。

但我不会说使用月经棉塞或月经杯比使用卫生巾更好。不过，我作为性教育讲师，只会坚持原则。而这个原则就是自行寻找适合自己的卫生用品，只不过在寻找的过程中要舍弃偏见和恐惧。

问题 11
经血的颜色是褐色，
我是不是得病了？

对于刚开始经历月经的孩子们来说，卫生巾无疑是一种很陌生、很稀罕的东西。这一点无论是接受过性教育、从而拥有丰富生理知识的孩子，还是开过"初潮派对"、对生理拥有积极想法的孩子都不例外。

正因如此，即使一些成年女性很熟悉、很平常的东西，对于孩子们来说，也有可能是会让她们好奇的东西。总的来说，因为月经是在身体内部产生的，所以会让孩子们更加好奇，从而产生"我的身体是不是有异常"的恐惧心理。

"经血的颜色是褐色的，我是不是得病了？"这是孩子们经常询问的问题。也有一些孩子将经血的颜色说成黑色或巧克力色。每当听到这样的提问，我都会产生"我们所教的性教育内容是否应该更加具体"的念头。毕竟，性教育课中只会告诉孩子们会"出血"，而不会告诉她们经血的颜色是褐色的。

经血在排出体外时，会与空气中的氧气结合，使得经血中的铁元素产生氧化现象。这就使得经血呈现褐色的形态。另外，经血排出体外后，过的时间越久，颜色就会变得越深。事实上，并非只有经血是这样，几乎所有的血液都是如此。

排出褐色经血说明这是积在阴道内氧化的经血。经期开始和结束时，经常会流出黑色的血液。这样的情况也没必要太过担心。

也有一些人，在经期会一直排出褐色经血。这种情况也并不见得是什么严重的事情。在大多数情况下，这种症状只是由于身体状态不佳或压力太大所致，因此在得到充分的休息，恢复稳定的生活轨迹后，症状就会得到缓解。

不过，若是这种症状持续好几个月，那我们就有必要到妇产科就诊了。因为子宫内膜炎、子宫肌瘤等子宫疾病也会导致阴道排出褐色经血。只需经过简单的子宫超声波检查，我们就能找出具体的病因。

问题 12
生殖器疼痛需要到妇产科就诊吗？

在前面的章节里，我就强调过到妇产科就诊的重要性。虽说相比以前，人们的观念发生了很大的转变，但至今仍有很多未婚女性及未成年女性比较忌讳去妇产科。

于是，明明需要去妇产科就诊，但孩子们却硬忍着痛苦不愿意去。她们担心的无疑是害怕别人以为自己经历过性关系，并因此而指责自己。总之，她们会感到左右为难。

虽然导致生殖器疼痛的原因有可能是性病感染，比如性交叉感染。但也有可能是出于其他原因，比如卫生管理不合格的澡堂、卫生间及床上用品感染。不过，重要的不是追究有没有发生性关系，而是认真地接受治疗。

因此，当孩子询问这种问题时，父母应该安抚孩子的情绪，然后引导孩子到妇产科就诊。由于有可能孩子一个人担惊受怕，导致病情变得更严重，所以父母要尽可能带着孩子去妇产科就诊。

　　此时，大人或许会因找女医生还是找男医生的问题而苦恼。我曾在一部美剧中看到这样一个场景：一位单亲妈妈和她十几岁大的女儿一起到妇产科接受检查。她们并不是得了什么病，而是常规体检。虽然为她们做检查的是男医生，但她们谁都没有介意这件事情。后来，这个妈妈与那个医生看对了眼，最终成为了男女朋友。孩子在祝贺妈妈恋爱的同时，宣布以后要到别的妇产科接受检查。她的意思是不愿意在妈妈的男朋友那里就诊。这也说明女孩并不介意为自己检查身体的是男医生。看这部美剧时，最令我羡慕的是：在美国，年轻的女孩到妇产科检查身体是一种普遍现象。

　　不过，我也不是硬要让那些不愿意到男医生那里接受检查的孩子到男医生那里接受检查。倘若孩子对这件事情很抗拒，那完全可以到女医生那里接受检查。关键是让孩子接受检查的同时，消除对妇产科的抗拒心理。

问题 13
如果觉得生殖器形状怪异该怎么办?

就像世上没有百分之百长得相同的人，每个人的生殖器形状也各不相同。这一点无论是女性的生殖器，还是男性的生殖器都一样。事实上，生殖器形状太过畸形，以至于需要进行手术的人寥寥无几。

不过，既然孩子提出这样的问题，至少说明在她看来，自己的生殖器形状确实很怪异。不过，出于结构上的原因，女性很难每天都看到自己的生殖器。只有使劲儿弯腰或借助镜子，她才能清楚地看到自己的生殖器。倘若觉得弯腰不方便，你也可以将脚放到椅子或浴缸上进行观察。

倘若平时很少观察自己的生殖器，那么偶尔观察时肯定会有一种陌生感。更何况，若是与生殖器图片进行比较，很有可能会产生"这里怎么这么大""怎么两边不对称"等疑虑。

而导致这种情况的很可能是一些外在因素。例如将自己与成人电影中的女演员进行过比较，或者男朋友在做爱的途中嘲笑过自己生殖器的形状等，诸如此类的事情会导致她认为自己的生殖器存在问题。对此，我想说的是能够说出这种话的人绝对不是一个好人。另外，成人电影中女演员的生殖器也并非是最标准的生殖器。毕竟，她无法代表日常生活中的所有女性。

　　很多人担心生殖器的形状会影响到性生活的质量。但事实上，男女的生殖器都长得各不相同，甚至千差万别。不管怎么样，能够契合所有男性生殖器的女性生殖器是不存在的。或者说，男女的生殖器不可能一开始就完美契合，所以需要在沟通的过程中逐渐找出完美的配合。

　　观察自己的生殖器是进行女性主体性训练的重要一环。在对青春期的儿子进行性教育的时候，我曾使用过一种方法，那就是让孩子画一画自己的生殖器。如此一来，他就需要仔细观察自己的生殖器。而在这一过程中，他会自然而然地变得肯定和珍惜自己的身体。

问题 14
情趣独特是变态吗？

你对这样的提问感到很惊讶吗？正如题目所说的那样，青春期的孩子同样存在性的意识，因此不可避免地会产生这样的烦恼。

如果孩子向我询问这样的问题，我首先会反问她喜欢什么类型的情趣。孩子们向我透露的情趣有很多种：有的孩子喜欢穿着某种情趣内衣被爱抚；有的孩子只有在播放特定的音乐和打开特定颜色的照明时才能感到兴奋；甚至有的孩子拥有恋物癖，因此反而对生殖器以外的部位更感兴趣。

拥有独特的情趣不是什么大问题。每个人都可以拥有属于自己的情趣。

问题是她们往往会要求对方迎合自己的情趣。如果这时一方接受另一方的情趣或拥有相同的情趣自然是最好，但如果一方对此表示抗拒，而另一方执意要求如此，那就成了问题。因此，倘若一方不同意，那另一方就要选择放弃或干脆寻找与自己情趣相同的人。

同样，对方拥有独特情趣时也是如此。不能因为对方拥有独特的情趣，就将对方视为变态。当对方要求我们迎合他的情趣时，若是我们不愿意，那只需要拒绝即可。可若是在我们拒绝之后，对方依然要求我们迎合他的情趣，那就成了问题。因此，在交往之前，我们也要提前想好能够接受何种程度的情趣的问题。

我想强调的是最好在发生性关系之前相互了解一下对方的情趣，我们姑且叫它"性聊天"吧。通过性聊天，沟通一下彼此的情趣，然后可以接受的就接受，不能接受的就拒绝，相互协商、意见一致之后再发生性关系。

如果性聊天进行得顺利，我们不但能够接受彼此的情趣，说不定还能发现自己隐藏在内心深处的新情趣。因此，不要想着从一开始就寻找符合自己情趣的对象，而是要找一个能够与自己好好进行性聊天的对象。能够对性进行沟通的心态会让我们的性变得更加健康和开朗。

问题 15
是不是不在体内射精就不会怀孕？

体外射精的怀孕率确实比体内射精的怀孕率要低，然而怀孕只要成功一次就会引发极大的后果。

曾经有一些体外射精却意外导致女朋友怀孕的青少年们六神无主地找我咨询过问题。这些事实告诉我们：体外射精根本无法称之为避孕。因为男性生殖器会分泌出考珀液，也就是尿道球腺液。

由于美国一个名叫考珀的人发现了它，所以它也被命名为考珀液。简单来说，考珀液是男性生殖器分泌的一种类似于"润滑剂"的东西。当男性的阴茎受到刺激而兴奋时，尿道会流出一种透明无色的黏稠状液体。然而考珀液当中也含有 100—300 个健康精子。这些精子的数量虽然很少，但相比其他精子，它们的活动性更大，也更加健康，所以并不能排除怀孕的可能性。

正因为如此，在做爱的途中戴上避孕套的行为非常危险。因为在戴上避孕套之前，考珀液就已经流了出来。插入之前戴上避孕套才是安全的避孕方法。

与上述情况相似的还有"计算排卵期进行性交，是否能避免怀孕"的提问。对此，我的回答依然是不行。非排卵期时的怀孕率确实比排卵期的怀孕率要低，但在非排卵期发生性关系，结果怀孕的事例也不少。

人的身体无法像机械那样按照规则完美运转。先天性的原因或压力等外部因素也有可能导致排卵期不规律。因此，怀孕率低并不等于零怀孕率。总之，计算排卵期的方法跟体外射精一样，都无法称之为避孕。

依赖不安全的避孕方法会让性关系变得不安和不和谐。对怀孕的恐惧心理会使女性在性爱过程中和性爱结束后，精神一直处于不安的状态。我们要记住只有安全的避孕方法才能让双方建立一个负责的性关系。

问题 16
避孕套是否对身体有害？

会提出这种问题的孩子，大致分为两类。这两种类型可以说是截然不同的类型。

一种类型是缺乏避孕知识、对避孕套了解不是很清楚的孩子。这种孩子往往从周边的朋友或网上听到了很多避孕套不利于健康的传闻。不然就是她的男朋友不怀好意告诉她的，即是为了将避孕的责任甩给女方，同时为了享受无套性交而撒的谎。

使用避孕套时，避孕套会进入女性的阴道中，接触到身体内部。乍一想，有可能会觉得避孕套接触到身体内部是一件对身体有害的事情。由于避孕套会接触人体内部，所以对于它的材质，国家有严格的规定和要求。因此，它的材质并不会对身体产生不利的影响。

但事实上，避孕套不仅能够避孕，还能起到守护我们身体健康的作用。因为，戴着避孕套做爱比无套性交更卫生，而且还能起到预防性病或感染的作用。

另一种类型是懂得并很关注避孕知识，同时向往更好的避孕方法的孩子。即使是严格按照国家要求生产的产品，对于一些追求环保产品的人们来说，避孕套显然不能让她们绝对满意。随着在食物、服装、化妆品、卫生巾等方面追求环保产品的人群越来越多，普通的避孕套自然也无法逃过被代替的命运。

问题 17
婚前守贞是好是坏？

相比以前，人们看待性的视角变得更加开放，因此当孩子们提出婚前守贞问题时，大人们都会惊讶地反问："现在还有年轻人问这种问题吗？"

曾几何时，人们强制要求女性在婚前保持贞洁。出于将对性的无知当作纯洁，人们不会将性知识传授给女性，而女性也没有察觉到知晓的必要性。而如今，这样的习俗已经被废弃，就连婚前守节这句话也成了老一套的东西。

不过，虽说现在这样的提问与之前相比少了很多，但我依然从不少女孩那里听到了这样的提问。

然而真正婚前守贞、意志强大的女孩绝不会询问这样的问题，即婚前守贞的信念很强大，所以内心也不存在所谓的矛盾，自然也就没有必要提出这样的问题。这样的孩子无论发生任何事情都能在婚前守住贞洁。

　　而既然有人提出了这样的问题，就说明她的内心很矛盾。有可能是交往的男朋友想要与她发生性关系，以至于让她的信念产生了动摇。不然就是自己也很渴望做爱，但由于宗教信仰而无法轻易下定决心。

　　如果与提出这种问题的孩子进行对话，我常常会听到："老师，我好累，甚至还有一种负罪感。"她的内心多么矛盾才能产生负罪感！到了这种程度，想必她的内心更倾向于不在婚前守住贞洁的一方。

　　对于这样的提问，我会告诉她们要以主体性的基准做出判断，即对于婚前守贞还是不守贞的问题，完全取决于个人的价值观。重要的是自己愿意不愿意，而不是教规或男朋友的要求。我们要根据自己的意愿做出判断，然后找一个同意这种观点的人交往。

问题 18
女性的性欲是不是比男性要弱？

很多人认为，男性的性欲天生比女性的性欲强。这样的说法甚至还有科学依据做后盾，也就是我们所熟悉的进化论。从进化论的角度来看，男性需要播更多"种"，所以天生性欲强大；而女性需要将精力花费到养育上，所以性欲会相对较低。然而到了最近，很多女性对这套理论提出了反对意见。

若是仔细想一想，这套理论其实很奇葩。既然女性天生性欲不强，那为什么还要要求女性在婚前守住贞洁，违背的时候还要施加残酷的惩罚呢？甚至，非洲一些地区还残留着割礼这种残忍的文化。若是女性的性欲真的很低，那还需要进行约束吗？说不定放任不管，她们也会自行遵守婚前的贞洁。

还有一个问题是我比较好奇的：既然当初的女性都是在只监管女性性欲的文化中成长的，那么她们是如何判断自己的性欲不强是天生的还是后天的呢？我不认为她们能够准确地判断出来。

　　我认为由于我们的社会一直对女性的性欲和男性的性欲套用了不同的标准，所以鉴别"女性的性欲不如男性"理论的真伪是毫无意义的。在这个世上，同时存在不同数量的性欲强的女人、性欲强的男人、性欲弱的女性及性欲弱的男性。因此，我认为男性和女性之间不存在明确的性欲强弱。

　　假如提出这个问题的是一个主体性低的孩子，那么她多半会根据以往的观念，认为"男性的性欲自然要比女性强"。因此，我们要帮助她矫正这种错误的观念。反之，若是主体性高的孩子，她肯定会认为"这只是偏见，女性和男性的性欲都一样"。对于这样的孩子，我们只需引导她继续强化正确的主体性即可。

问题 19
同学们都说我是"破鞋"

听到这种提问，我会感到非常非常生气。我生气并不是针对提问的这个孩子，而是针对那个传出这种谣言的孩子。一直以来，只有女性会遭到这种言语上的侮辱，不得不说这是一件非常令人心痛的事情。

我不知道"破鞋"这个词来源于什么典故，但我知道这一词中含有贬低女性的含义。男性无论与多少个女孩交往都不会被称为"破鞋"。或者说，世上根本就不存在这种贬低、排斥男性的描述。相反，交往次数越多的男孩，越被捧为有本事的男性。然而不公平的是，交往次数多的女性却被视为"破鞋"。甚至，遭遇性暴力的被害者往往也会被冠以这样的称呼。从广义上来说，"破鞋"这种描述也属于性暴力的一种。

遗憾的是，这并不是一个个体问题。因为这是有关孩子所属的学校——这个庞大的社群的事情。孩子能做的只有截屏聊天记录或录制通话内容，仅此而已。

因此，这样的事情应尽快通知学校，让学校出面解决。学校首先要做的事情就是找到谣言的源头。如此一来，学校就得跟那些受侮辱的孩子一一面谈，然后找到最初散播谣言的那个人，再让那个人跟受害者道歉。

令人遗憾的是，很多学校的校内制度并不完善，所以学校的应对方法将取决于老师们对待这种问题的意识。因此，我认为需要接受性教育和性别教育的不只是孩子，还有学校的老师。

我再告诉大家一件揪心的事情：很多时候，通过学校的积极配合，找出了最初散布谣言的那个人，我们通常会发现那个人其实是一名女孩。也就是说是一名女性在贬低另一名女性。然而主体性高的孩子绝对不会使用这种贬低别人的用语。因此，这样的孩子往往主体性很低。大人们要意识到这样的孩子迫切需要主体性训练的事实。

问题 20
我是不是遭遇了性暴力？

在学校进行性教育或提供相关咨询服务时，一些孩子常常会将自己经历过的事情讲给我听，然后向我询问自己是不是遭遇了性暴力。她们的情况多半是认识的哥哥或邻居家的叔叔摸了她们的生殖器，不然就是那些大哥哥或叔叔用生殖器碰了她们等。甚至，还有一些老师单独将她们叫到身边，然后摸了她们身体的情况。此外，还有加害者是亲人或亲戚的情况。

原本她们都没有意识到问题的严重性，只是本能地觉得很不舒服。直到后来，在接受过性教育之后，她们才明白自己遭遇性暴力的事实。

对于这些孩子，我首先会称赞她们的勇气，然后跟她们聊一聊，尽量说服她们接受性暴力心理治疗。因为即使没有察觉到是性暴力，她们也有可能会因此产生社交恐惧症、忧郁症等不同程度的心理障碍，即所谓的创伤后应激障碍。而当真正意识到是遭遇了性暴力之后，她们很有可能陷入自责和自愧之中。

　　根据情节的严重性，我们也可以报警举报加害者。当然，这种事情一定要慎重考虑。因为若是事情过去的时间太长，很有可能会找不到证物或证人，导致调查过程中给孩子带来很大的压力，所以最好是与孩子的父母及儿童性暴力相关机构的专家商量好之后再决定是否举报加害者。